戦国の猛将 藤田信吉

北条・武田・織田・上杉・徳川を渡り歩いた激動の生涯

戎光祥
郷土史叢書
06

志村平治
Shimura Heiji

戎光祥出版

はしがき

上杉景勝《うえすぎかげかつ》の重臣に藤田能登守信吉《ふじたのとのかみのぶよし》という人物がいる。信吉は武蔵を発祥の地とする藤田氏の分家・用土《ようど》氏の出身で、小田原北条《おだわらほうじょう》氏、武田《たけだ》氏、織田《おだ》氏、上杉氏と次々と主君を代え、戦国時代を生き抜いた武将である。そして、上杉氏が戦国大名から近世大名へと脱皮しようとする時期に景勝を援けて大活躍した人物でもある。しかし、その実像はあまり知られていない。

有名な景勝の執政・直江兼続《なおえかねつぐ》は優れた政治家だが、冷徹な面もある。景勝政権を支えた上条政繁《じょうじょうまさしげ》（畠山入庵《はたけやまにゅうあん》）などは、兼続に讒言《ざんげん》されて失脚、上杉家を出奔し、豊臣秀吉《とよとみひでよし》、のちに徳川家康《とくがわいえやす》に仕えた。藤田信吉も兼続の讒言により、上杉家を出奔する。関ヶ原の合戦の前夜、信吉は、主君・景勝に上洛し徳川と手を結ぶよう諫めるなど上杉・徳川両家の調停に奔走した。これに対し、兼続は抗戦の道を突き進み「信吉は徳川に内通している」と讒言する。これに堪らず信吉は上杉家を出奔する。近年、兼続が礼賛されるようになると、兼続の方針に異を唱えて上杉家を追われた信吉は家康に「上杉氏に謀反の疑いあり」と言上した悪党・奸物《かんぶつ》とされてしまう。

著者ははじめ、信吉は「景勝隠謀の旨」を家康に伝えたと思っていた（拙著『信濃岩井一族』、歴研、二〇〇八年）。しかし信吉は、上杉家の滅亡を望んでおらず上杉家の存続を願っていて、家康より上杉征討の会津への道案内をせよと言われても「上杉家に対し二心なし」とこれを辞している。このことから最近では、信吉は上杉・徳川両家の調停に失敗し、その旨を家康に伝えただけと考えている。しかし、結果的に上杉家の内情を伝えたことになり、家康に上杉討伐のきっかけの一つになったことには間違いないであろう。兼続は関ヶ原合戦で西軍に与し、結果、上杉家を百二十万石から三十万石に没落させた。もし、景勝が信吉の諫言を受け入れていたとしたなら、上杉家が百二十万石を維持できた可能性は大であろう。

信吉が次々と主君を代えたのは決して不義理を働いたわけではない。小田原北条氏から離反したのは、鉢形城《はちがたじょう》（埼玉県寄居町）の城主・北条氏邦《うじくに》に謀殺されそうになったからで、しかも小田原北条氏《うじ》政《まさ》の口添えで娶ったと思われる最初の妻・紅林《くればやし》紀伊守《きいのかみ》の娘の死を待ってからである。さらに信吉は、小田原合戦で鉢形城を攻めたとき、加害者である氏邦の助命を嘆願している。武田・織田から離反の場合は主君である武田勝頼《かつより》・織田信長《のぶなが》の滅亡によるものである。讒言されたことはあっても、決して人を貶めるような讒言をするような人物にはみえない。また、徳川家康に「上杉氏に謀反の疑いあり」と讒言するような人物とも思えない。あくまで、上杉・徳川の調停に失敗したと伝えただけであろう。ちなみに関ヶ原合戦の後、信吉は下野国西方《にしかた》（栃木県栃木市）一万五千石の徳川大名となっている。

本書はこの律儀な藤田信吉の実像に迫るものである。また、本書は『藤田能登守信吉』（歴研、二〇一四年）の内容を全面的に見直し、改訂新版としたものである。本書が、藤田氏に関心のある方、武蔵・上野・越後・会津などの歴史に関心のある方の一助となれば幸いと考える。

最後に、本書執筆にあたって、取材ならびに情報提供等ご協力いただいた、新潟市立中央図書館、栃木市図書館西方分館、栃木市西方町福正寺御住職、長野県塩尻市の長泉寺大橋御住職、川越市立中央図書館等に謝意を述べさせていただきたい。

著　著

目次

第四章　上杉景勝に仕える

第五章　小田原合戦での活躍

第六章　文禄の役から会津出奔へ

第七章　徳川大名となる

第八章　信吉の死と藤田家改易

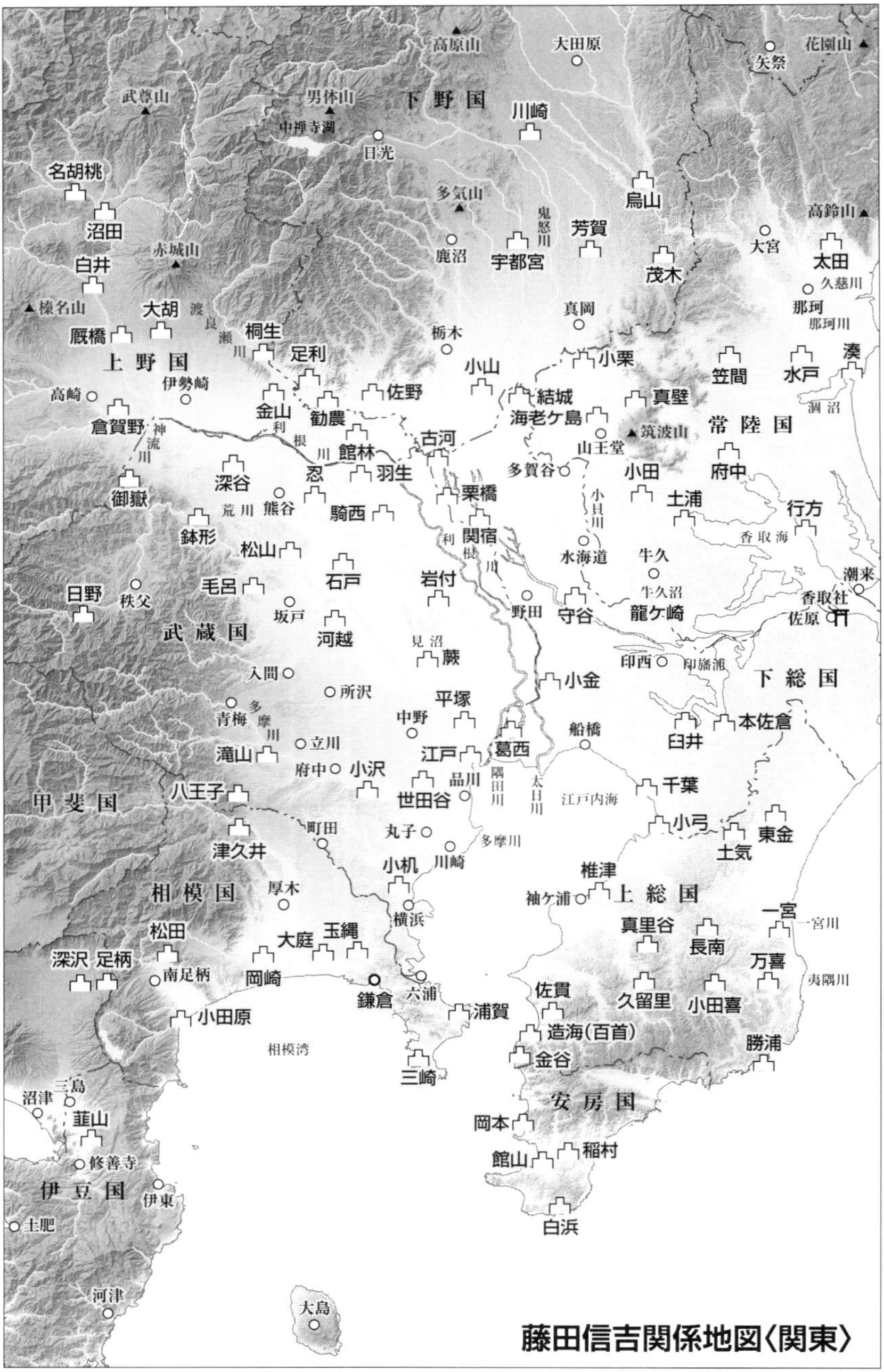
高原山
大田原
花園山
矢祭
武尊山
男体山
下野国
川崎
中禅寺湖
日光
名胡桃
多気山
烏山
沼田
鬼怒川
芳賀
高鈴山
赤城山
大宮
白井
鹿沼
宇都宮
茂木
太田
久慈川
榛名山
大胡
渡良瀬川
真岡
那珂
那珂川
厩橋
桐生
栃木
足利
小栗
湊
上野国
小山
笠間
水戸
高崎
伊勢崎
佐野
結城
真壁
涸沼
倉賀野
金山
勧農
海老ケ島
筑波山
常陸国
神流川
利根川
館林
古河
山王堂
深谷
忍
羽生
多賀谷
小田
府中
御嶽
熊谷
栗橋
小貝川
土浦
荒川
騎西
行方
鉢形
関宿
香取海
松山
利根川
水海道
牛久
石戸
岩付
潮来
日野
秩父
毛呂
牛久沼
香取社
野田
守谷
龍ケ崎
佐原
坂戸
武蔵国
河越
見沼
蕨
印西
印旛浦
下総国
入間
小金
所沢
平塚
青梅
多摩川
中野
本佐倉
船橋
臼井
滝山
立川
葛西
江戸
府中
小沢
品川
八王子
隅田川
太日川
江戸内海
千葉
甲斐国
世田谷
町田
丸子
小弓
東金
多摩川
土気
津久井
小机
川崎
椎津
相模国
厚木
袖ケ浦
上総国
横浜
一宮
一宮川
松田
真里谷
玉縄
長南
大庭
深沢
足柄
万喜
夷隅川
南足柄
岡崎
鎌倉
六浦
佐貫
久留里
小田喜
浦賀
小田原
造海(百首)
勝浦
相模湾
金谷
三崎
三島
沼津
安房国
韮山
岡本
稲村
館山
修善寺
伊豆国
伊東
土肥
白浜
河津
大島

藤田信吉関係地図〈関東〉

藤田信吉関係地図〈春日山城周辺〉

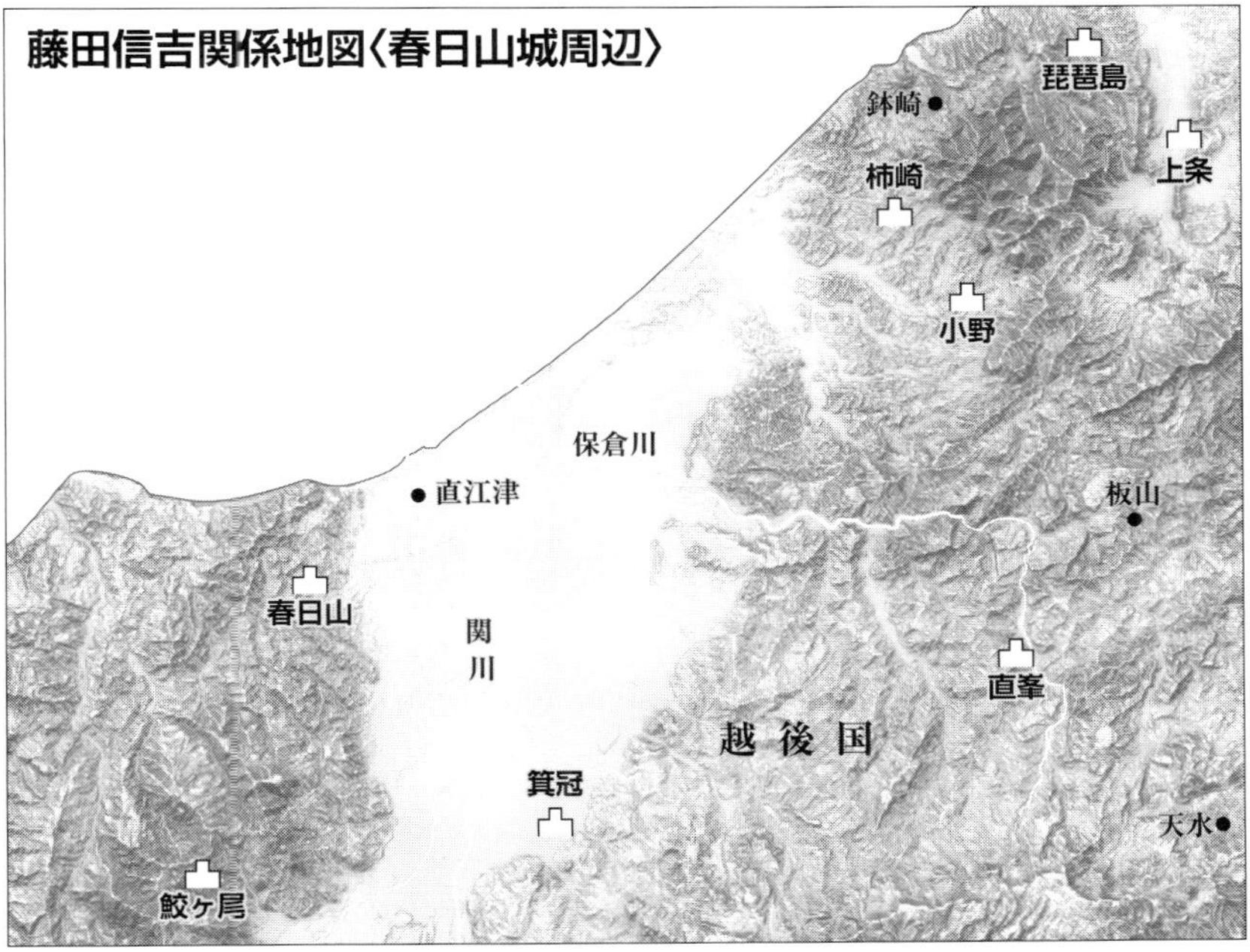

藤田信吉関係地図〈川中島周辺〉

【凡　例】

一、本書は『藤田能登守信吉』（歴研、二〇一四年）を復刊するものである。復刊にあたり誤記等を修正し、また適宜、内容・表現等についても読みやすさを考慮し全面的に修正を行った。

一、人名や歴史用語に適宜ルビを振った。読み方については各種辞典類を参照したが、歴史上の用語、とりわけ人名の読み方は定まっていない場合も多く、ルビで示した読み方が確定的というわけではない。また、地元での呼称、史料によって読み方が違う場合もあり、各項目のルビについては著者の見解を尊重したことをお断りしておきたい。

一、掲載写真のうち、クレジットを示していないものについては、著者または戎光祥出版の編集部が撮影したものである。

一、本文中、参考文献については（黒田二〇一〇）のように、著者名字プラス刊行年で略した。

第一章　藤田氏と用土氏

藤田氏の由緒

藤田氏は、武蔵七党の猪股《いのまた》党の出である（「上州藤田系図」「藤田家譜略」ほか）。猪股党は横山《よこやま》党と同族で本姓は小野《おの》氏とされ、小野篁《たかむら》の後裔で武蔵守として下向土着した小野孝泰《たかやす》の孫である時範《ときのり》が児玉《こだま》郡猪俣に居住したことに始まるという。小野姓で歴史上有名なのは小野妹子《いもこ》・小野道風《どうふう》（書道家で著名）であろう。猪俣党は児玉郡・大里《おおさと》郡・比企《ひき》郡に広まり、猪俣氏を始め藤田・男衾《おぶすま》・甘糟《あまかす》・荏原《えはら》・岡部《おかべ》・横瀬《よこせ》の諸氏が分流している。

平安末期、藤田氏は猪俣政家《まさいえ》の子政行《まさゆき》が武蔵国藤田十二郷を領有して地名を称し藤田と名乗ったことに始まる。政行は日山《ひやま》（埼玉県寄居町）に藤田氏館、詰めの城として花園城《はなぞの》（寄居町）を築いたという。「新編武蔵風土記稿」に、「往古、相模守小野時季が九代孫五郎政行始《はじめ》て此山の頂《いただき》に当城（花園城）を築き、猪俣を改て在名をもて藤田と号す」とある。

参考までに藤田氏の由緒の異説を紹介すると、小野姓猪俣流が定説だが、このほかに畠山重忠の子孫とする桓武平氏説（「管窺武鑑」「藩翰譜」「系図纂要」「三百諸侯」「改正三河後風土記」ほか）、藤原秀《ひで》郷《さと》の子孫とする藤原姓説（「加沢記」ほか）、清和源氏説（「武衛柴崎系図」）などがある。

藤田氏の祖・藤田政行は、源義朝《みなもとのよしとも》に従って保元《ほうげん》の乱に出陣して活躍する。その後の源平合戦で政行の嫡男・行康《ゆきやす》（行保）は源氏方として活躍、元暦元年（一一八四）三月の摂津一ノ谷の合戦で先陣を務めたが、討ち死にしてしまった。源頼朝《よりとも》は行康の功を賞し、嫡男の能国《よしくに》に遺跡を安堵す

【寄居町周辺地図】

る（「吾《あ》妻《づま》鏡《かがみ》」）。建久三年（一一九二）、源頼朝が征《せい》夷《い》大《たい》将軍《しょうぐん》に任ぜられると能国は御家人となり、同六年三月に行われた頼朝による東大寺再建供養に随兵として参加した（「吾妻鏡」）。

山内上杉氏の重臣となる

室町時代初期、藤田氏は鎌《かま》倉府《くらふ》の奉公衆《ほうこうしゅう》となり鎌倉《かまくら》公《く》方《ぼう》足利《あしかが》氏に仕えた。後期には関東管領山内上杉氏《かんとうかんれいやまのうちうえすぎ》の四家老の一人として武蔵国榛沢《はんざわ》・幡羅《はら》・男衾《おぶすま》の三郡と秩父《ちちぶ》郡の一部を兼領する有力国衆（鎌

上：花園城跡の遠望
下：日山の藤田氏館跡　共に埼玉県寄居町

倉時代以来の大豪族）となり、宗家猪俣氏を凌ぐ隆盛をきわめた。

初めは花園《はなぞの》城を本拠としていたが、天文元年（一五三二）、右衛門佐泰邦《やすくに》のとき天神山《てんじんやま》城（埼玉県長瀞町）を築き居城を移した。領内の要所には天神山城の支城が配置され、重臣たちが守城の任務にあたった。花園城・千馬山《せんばやま》城（龍ケ《たつが》谷《や》城。同皆野町）・虎ケ岡《とらがおか》城（同長瀞町）などが主な要害であった。戦国時代、新興の小田原北条氏の勢力が武蔵国に及ぶと、藤田泰邦は初め関東管領山内上杉憲政《のりまさ》（?～一五七九）の重臣として北条方と戦っていた。その様子の一例として、「管窺武鑑」には次のように記されている。

同年（享禄四年）霜月廿三日、北條氏康、九千余の兵にて、武州所沢へ働出でらる。上杉衆打集り、一万五千計りにて一戦あり。則政《（憲政）》公は御出馬なきなり。其時、藤田右衛門佐《（泰邦）》先手にて、北條の魁陣多目衆を、突立て追崩し、多目が二男・山城守を討取るなり。

大敵の北条氏に降る

天文十五年（一五四六）四月二十日、河越《かわごえ》城（埼玉県川越市）の夜戦で山内上杉憲政・扇谷《おうぎがやつ》上杉朝《とも》定《さだ》・古河《こが》公方《くぼう》足利晴氏《はるうじ》の連合軍は北条氏康《うじやす》（一五一五〜一五七一）に大敗を喫し、朝定は戦死（扇谷上杉氏の滅亡）、憲政・晴氏らはそれぞれの居城に逃れ、憲政に属して出陣していた藤田泰邦も命からがら天神山城に逃げ帰った。この敗戦を契機に、泰邦は山内上杉氏を見限り北条氏に属することを決意する。同十八年頃には、泰邦は縁戚で武蔵守護代の大石定久《おおいしさだひさ》（武蔵滝山城主・東京都八王子市）と共に氏康に降った。「関八州古戦録」に「然《しか》れは管領家の楯戟《たてほこ》たりし武州高麗《こま》郡滝山の城主大石源左衛門尉定久・秩父郡井戸天神山の藤田左衛門佐邦房《（泰邦）》、一番に旗を巻《まい》て降人として出来《いでき》れり」とある（大石定久が北条氏に帰属した年を天文十三年とする説もある〈『北条氏年表』〉）。

伝承によると、武蔵国の有力国衆の従属に喜んだ北条氏康は、泰邦に「康」の一字を与えて「康邦」と名乗らせたという（『日本城郭全集』４ほか）。なお、本書では以降も泰邦と表記を統一する。

天文十八年（一五四九）、泰邦の離反に怒った上杉憲政は、出牛峠《じゅうしとうげ》（埼玉県長瀞町・皆野町の境）を越えて秩父郡の藤田領高松《たかまつ》（同皆野町）に出兵した。この上杉方の侵攻を受け、泰邦は北条氏康に援

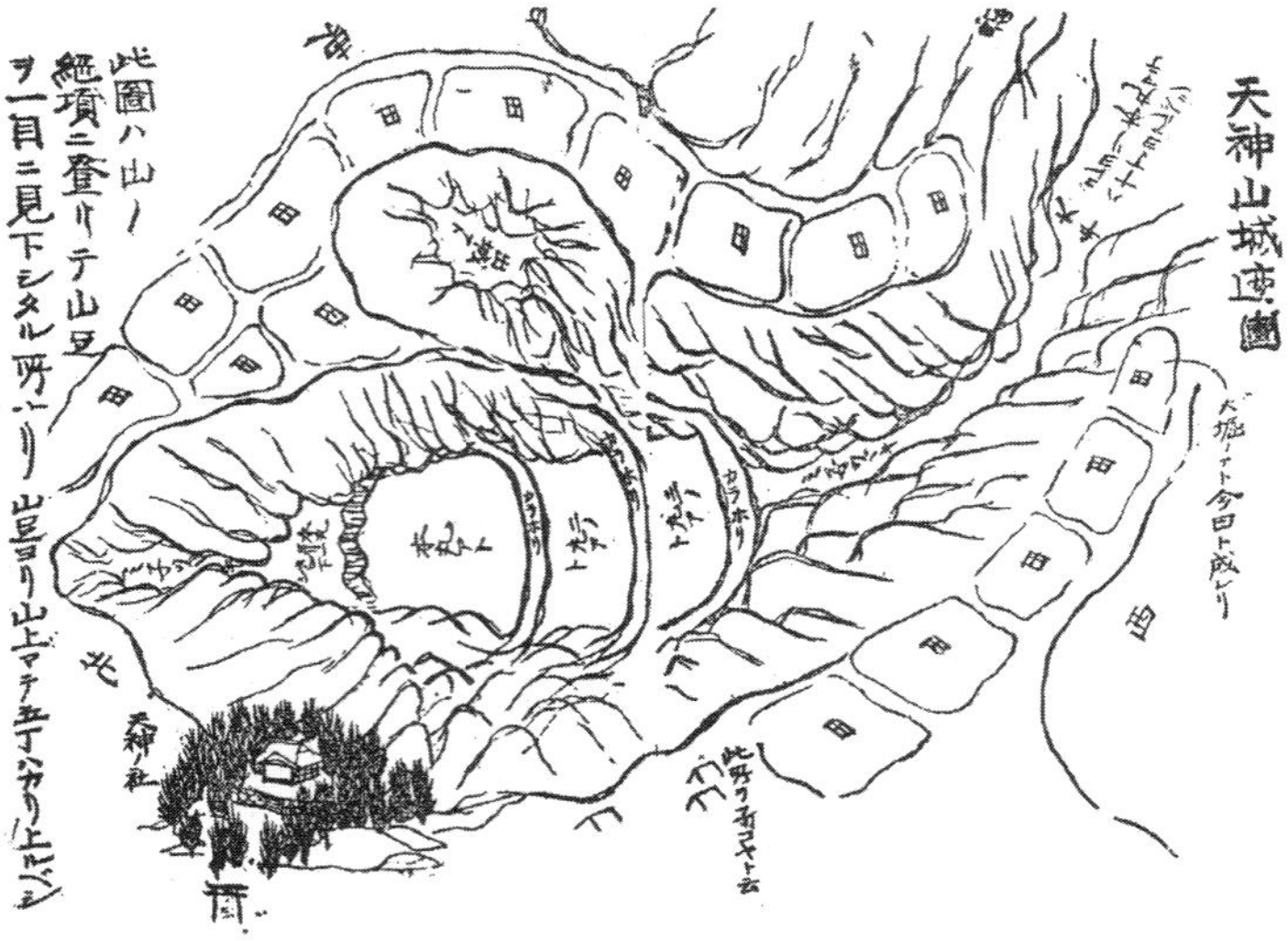

天神山城跡　「秩父志」所収

軍を要請した。七月二十一日、氏康は滝山城の大石定久（眞月斎道俊《しんげつさいどうしゅん》）に、泰邦の要請で近日中に秩父郡高松方面へ出馬して上杉勢を撃退する意向などを伝えた（「浄法寺文書」）。

態以使申候、如先日申候、松山（武蔵国比企郡）普請、当月不致而□（者）、秋末者敵方造意も可有之候間、不図存立候、三日之内当地を可打立候、涯分堅固ニ可致候條、可御心易候、并高松筋（武蔵国秩父郡）へ散動之事、藤田（泰邦）色々令懇望候間、一動申付、可打散存候、御人数之事御大儀候共、御用意肝要候、就中去月下旬伊豆奥号御蔵嶋（伊豆国）小嶋江、自筑紫薩摩船流寄候、破損無紛候間、荷物為取之、前後無之様ニ候間、分国中大社御修理之方ニ過半加之候、六所（相模国中郡）へも致寄進候、以日記岩本隼人申付進之候、神主本願ニ被相談、

彼荷物をは別而可然人躰ニ被預置、一方之御修理ニ罷成候様ニ可被仰付候、次ニ雖軽微候、唐物候間、唐紙百枚、竹布五端、進候、恐々謹言、

七月廿一日　　氏康（花押）

謹上　眞月斎（大石道俊）

（『戦国遺文』後北条氏編一）

同十九年二月十九日、北条氏康は藤田氏の有力一族である用土《ようど》新左衛門尉に「武州高山知行」のうちの神田《じんだ》・川よけ（除）の郷を与えた（「管窺武鑑」「新編武蔵風土記稿」）。「武州高山知行」とは「上州高山」の誤りで、山内上杉氏被官の上野高山氏の所領を指し、高山氏の没落後にはその領地である神田・川除（いずれも群馬県藤岡市）の地を確実に新恩として宛がうというもので、約束手形である（黒田・浅倉編二〇一〇所収の黒田「戦国期藤田氏の系譜と動向」）。この用土新左衛門尉とは、従来「管窺武鑑」の所伝から藤田泰邦とされていたが誤りで、泰邦の弟と思われる新三郎業国《なりくに》のことであろう。

【北条氏康判物写】

武州高山知行之内、神田・川よけ（除）の郷、進之候、恐々謹言、

天文十九年

二月十九日　　氏康判

用土新左衛門尉殿

藤田氏系図

- 猪俣政家
  - 政行（藤田氏祖）
    - 行保（行康）
      - 能国
        - 能兼
          - 能行
            - 重国
              - 助国
                - 重行
                  - 重康
                  - 泰氏
                    - 氏行
                      - 行景（重員）
                        - 国行（重頼）
                          - 国村（邦村）
                            - 邦広（虎寿丸、重邦、小三郎 右衛門佐 天文十年没 法名「業繁」）
                            - 泰邦（康邦、康国、重康 右衛門佐 室、西福御前 天文二十四年没 法名「祖繁」）
                              - 女子（大福御前 文禄二年没）＝氏邦
                                - 東国丸（早世）
                                - 亀丸
                                - 光福丸
            - 信国（上州藤田氏祖 野上三郎）

- 北条氏康
  - 氏邦（乙千代丸、重氏 北条氏康三男 慶長二年没）

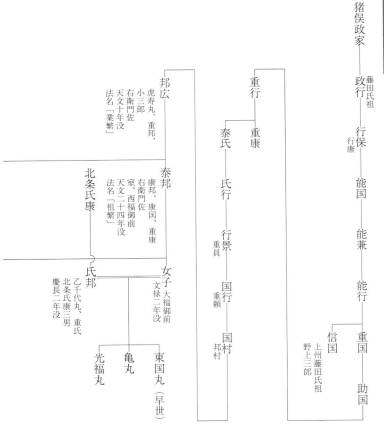

- 用土 業国　邦房、重利　新左衛門尉　室、小林少淋斎女　永禄三年没　法名「天芪」
  - 梅王丸（早世）
  - 重連　弥八郎、重政、新左衛門尉　天文元年生　天正六年没
    - 女子（柳瀬弥八郎妻）
  - 信吉　虎寿丸、弥六郎、新六郎、新左衛門尉、忠季、忠秀、重信、能登守、豊後守　源心、永禄元年生、元和二年没
    - 女子（杉原小左衛門直秀妻）
  - 信貞　重貞、信清、彦助、寛永二年没
  - 小林平次郎　小林少淋斎女監物の養子　一説に平四郎
    - 藤田 主膳　市左衛門
- 女子（長井豊前守妻）

（著者志村作成。参考『姓氏家系大辞典』「新編武蔵風土記稿」）

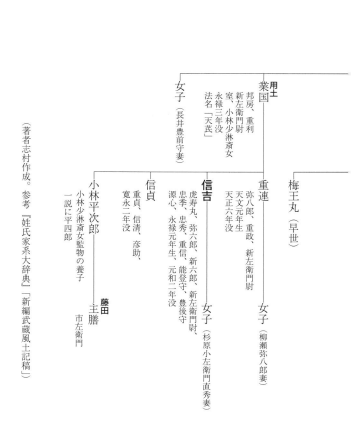

用土業国の銘がある鰐口　埼玉県寄居町・熊野神社蔵
鉢形城歴史館寄託

（「管窺武鑑」『新編埼玉県史』資料編6。註、「武蔵志」では三月十九日の書状とある）

ちなみに、用土新左衛門尉は藤田泰邦（邦房《くにふさ》）ではないという説を紹介する。従来、天文十七年（一五四八）頃、泰邦（邦房）が乙千代丸《おとちよまる》（北条氏邦《うじくに》）に天神山城を譲って自分は隠居し、実子虎寿丸《とらじゅまる》らを連れて用土城に移り、用土新左衛門尉に改姓したといわれてきた（「上野国志」「藤田家譜略」「新編武蔵風土記稿」ほか）。しかし天文五年には、すでに用土新三郎業国という人物が鰐口《わにぐち》を用土の熊野権現に寄進している（本書「藤田信吉関係史跡」熊野神社参照）。したがって、泰邦とは別の用土氏がすでに存在していたことになり、泰邦と用土新左衛門尉とは別人であることがわかる。

山内上杉憲政が越後に亡命

天文十九年（一五五〇）八月、北条氏は軍勢を山内上杉憲政の本国上野（群馬県）まで進軍させ（「由良文書」）、八月には児玉郡の本庄《ほんじょう》城（埼玉県本庄市）を攻略、十一月には山内上杉氏の本拠平井《ひらい》城（群

【上野・北武蔵主要城郭地図】

馬県藤岡市）を攻めるに至った（「小林文書」）。同二十年冬に再び上野侵攻の準備を整えた北条氏は同二十一年二月、武蔵北西部へ進軍、山内上杉方の最前線に位置した武蔵御嶽《みたけ》城（城主は安保全隆《あぼてるたか》。埼玉県神川町）を攻め、三月初めに攻略した。これにより和田氏ら上野国衆があいついで山内上杉家から離叛し、上杉憲政は終に平井城を退去、五月初めには上野にも在国できず、長尾景虎《ながおかげとら》（のちの上杉謙信。一五三〇～一五七八）を頼って越後（新潟県）に亡命した。

　藤田氏もこの軍事行動に動員されたと推測され、戦後にはその功賞として新たな所領を宛がわれたようだ。用土新左衛門尉（業国）は、天文二十一年六月九日付で北条氏康から上野金井《かない》村（群馬県藤岡市）を宛がわれている（「管窺武鑑」「新編武蔵風土記稿」）。

【北条氏康判物写】

上州金井村進之候、可在御知行候、馳入事其留書、糺明上、於無主ハ、可指添者也、仍如件、

六月九日　　　　　　　　氏康

用土新左衛門尉殿

（「管窺武鑑」『新編埼玉県史』資料編6。註『児玉町史』中世資料編は天文十九年から永禄六年までの間の書状とする）

この書状には年代が記載されていないが、月日が山内上杉家の没落直後にあたること、同郷に移住してくる者について所持する「留書」（元の居住村からの身元証明のような書付類か）を検査したうえで、主人を持たない者であったならば居住させてよいと書かれている。同郷は百姓不足にあった状況が窺われ、それは戦乱に伴うものとみられるから、その年は、経略直後の天文二十一年に比定することができるだろう（黒田二〇一〇）。

乙千代丸が藤田家を継ぐ

天文二十四年（弘治元年・一五五五）九月十三日、藤田泰邦が没した（「系図纂要」「正龍寺宝篋印塔銘」「上州藤田系図」「新編武蔵風土記稿」）。三十四歳であった。法名は「西龍寺天山繁公」（「系図纂要」）、「藤源院天山祖繁禅定門」（正龍寺の伝）、「法善寺殿天山祖繁公大禅定門」（「新編武蔵風土記稿」）あるいは「藤

栄院花巖常春庵主」（少林寺の伝）で、墓は正龍寺《しょうりゅうじ》と法善寺《ほうぜんじ》の二ヶ所にある。

泰邦が三十四歳とあまりにも若くして死んだので、北条氏康の密謀により毒殺されたのだという伝承もある（「藤田家譜略」「正龍寺記録」）。「藤田家譜略」は次のように記す。

　然るに氏邦狼子《ろうこ》の野心を逞《てい》して養父・康邦《やすくに》以下藤田の一族を家第《かてい》に享宴《きょうえん》して毒酒をもてこれを毒殺す。古老の伝る所によるに是皆氏康の密謀に出るとなん。是によって武蔵藤田の一族忽《たちまち》滅して余蘖《よきはだ》あることなし（「藤田家譜略」『埼玉叢書』四。傍線は著者）

ところで、藤田泰邦とは別に藤田重利《しげとし》（業国《なりくに》。藤田信吉の父）という人物がいる。「藩翰譜」「新編武蔵風土記稿」「上野国志」などは泰邦と重利を同一人物として扱うが、泰邦は正龍寺の宝篋印塔銘に弘治元年（一五五五）九月二十三日没とあり、一方の重利は「藩翰譜」「新編武蔵風土記稿」巻之二五〇、「管窺武鑑」などによれば永禄三年八月十三日の没で、二人の没年が異なる。また、法名も泰邦が「祖繁《そはん》」に対し、信吉の父の法名が「天萁《てんき》」（高野山清浄心院蔵「越後国供養帳」）と異なることから、実は別人であろう。また、重利は泰邦の弟で用土業国のことと思われる。『戦国人名事典』『鉢形落城哀史』『後北条氏家臣団人名辞典』など、従来、泰邦と重利を同一人物とし、二人の事績を混在させてきた書も多い。本書では極力二人の事績を分け整理したつもりである。

　泰邦の子は、娘（大福《おふく》御前）一人、男子（梅王丸）一人であった（「藤田系図」『秩父物語』。真島玄正「戦国武将藤田氏の研究」その一）。梅王丸は幼少だったため、泰邦の弟・用土業国（重利）が藤田一族の重鎮としてこれを補佐する予定であったと思われる。

ところが、ここに北条氏康の横槍が入る。「氏康藤田が当国の旧家なれば、多年人心を得し事を思ひ、其末子新太郎氏邦を養子として、親族の約を成《なさ》んとす」（『新編武蔵風土記稿』）と、氏康の三男・乙千代丸（のちの北条氏邦）を亡き泰邦の娘婿として藤田家に送り込んだのだ。これを業国以下の藤田一族は受け入れるしかなかったのだろう。当時、藤田氏は天神山城を拠点として、その所領は大里・榛沢《はんざわ》・男衾《おぶすま》・秩父・那珂・児玉・賀美に及ぶ広範なものであった。あわよくば、北条氏はこれを直轄領にすることができるのである。同様に、武蔵の名族で姻戚関係にある滝山城（東京都八王子市）の大石定久《さだひさ》も、氏康の二男・氏照（氏邦の兄）を養子に迎えている。

永禄元年（一五五八）頃、乙千代丸（北条氏邦）と娘（大福御前）との婚姻がなされ、乙千代丸は藤田氏の娘婿となり藤田新太郎重氏《しげうじ》と名乗った（『藩翰譜』『三百諸侯』ほか）というが、発給文書では依然として乙千代丸を通している。藤田家の後継者となった乙千代丸は、しばらくは天神山城に入らず小田原本城にあって三山《さんやま》五郎兵衛綱定《つなさだ》を奉行として派遣し、藤田領支配に乗り出した。藤田氏内部には乙千代丸の入嗣《にゅうし》に反対する勢力が存在していたからだ。その反対勢力の筆頭は泰邦の遺児・梅王丸とその周辺と思われる。同年七月十九日、乙千代丸は「天神山御ろう母」（泰邦老母）に武蔵国小浜《こはま》（埼玉県神川町）の内北やすつ川屋敷五貫五百文を堪忍料として宛がった（「市谷八幡文書」）。奉者は三山綱定であった。これは、依然と天神山城内の藤田家臣たちに影響力を持っていた「泰邦老母」を懐柔するためと思われる。

【北条家朱印状】

こはま《小浜》のうちきたやつす川やしき《屋敷》五くわん《貫》五百文之地、まいらせ候状、如件、

永禄元年戊午（虎朱印）　三山

七月十九日　五郎兵衛奉之

天神山

御らう母

（「市谷八幡神社文書」『戦国遺文』後北条氏編　一）

長尾景虎の関東侵攻

乙千代丸の藤田氏乗っ取りに対する反発は、藤田氏内部で根強かった。それでもその不満は、藤田一族の重鎮だった用土業国の存命中は業国によって押さえつけられていたようで、平静を保っていた。しかし永禄三年（一五六〇）八月、業国が死ぬとその重石《おもし》が外れた。そして、一族の不満は越後の長《なが》尾景虎《おかげとら》（のちの上杉謙信）の関東出陣によって一気に表面化した。さきに北条氏に逐われた山内上杉憲政の要請を受け、景虎が同年九月から関東へ侵攻してきたのだ。長尾軍の勢いを前にして関東の諸将は次々と景虎に帰順した。秩父谷では、藤田一族が天神山城（埼玉県長瀞町）と日尾《ひお》城（同小鹿野町）に秩父衆が立て籠もって、反北条氏の旗を掲げて長尾方に応じた。これに呼応して高松城（同皆野町）に秩父衆が立て籠もっ

た、いわゆる「秩父一乱」である。天神山城には、泰邦の老母や泰邦後室、梅王丸が在城していたと思われる。その城が北条氏に敵対したということは、飯塚氏らが泰邦の遺児・梅王丸を擁立し藤田乙千代丸（北条氏邦）から離叛したということだ。乙千代丸に対抗して、梅王丸を新たな藤田家の正統の当主として擁立し、北条氏に抵抗したのであろう（黒田二〇一〇）。また、武蔵の他国衆の大半も北条氏から離叛して長尾方に従っている。

景虎に従った関東諸将の幕紋《まくもん》を把握するため、景虎は「関東幕注文《まくちゅうもん》」（「上杉家文書」）を作成した。そこには「藤田幕・飯塚・桜沢・猪俣」が挙げられており、藤田氏とその家中である飯塚・桜沢・猪俣の諸氏が従ったことがわかる。そして、「藤田右衛門邦房」（陣代用土重連の誤記であろう）が景虎に従って小田原攻めに参加したことが『謙信公御年譜』に記されている。

永禄四年（一五六二）三月、関東の諸将を従えた景虎は小田原城（神奈川県小田原市）を攻囲し、次いで閏三月十六日、鎌倉の鶴岡八幡宮（同鎌倉市）において関東管領職就任式を行い、上杉憲政から一字を貰って上杉政虎《まさとら》（のちに輝虎、謙信。本書では以降、謙信で表記統一する）を名乗った。六月二十一日、謙信は厩橋《まやばし》城（前橋市）を発し、同二十八日には春日山（新潟県上越市）に帰国した。

藤田氏の家紋

藤田氏の家紋については、「上州藤田系図」記載の「藤田家譜《かふ》凡例八則《はんれいはっそく》」の第八には、次のように

上り藤

丸に上り藤

記されている。

藤田氏は世々綿貫の三連銭を持って器服の識となる。世に所謂家紋は是なり。初め十六葉の菊を以て之となし、後其れ禁朝之紋と同じきを恐れ、今の紋に改む。伝に云ふ。相模守時季敏達帝の陵に詣でて祈る。夢に金銭三朱綿にて中を貫きて之を下に結ぶを賜ふ。時季感喜し定めて家紋となす。又伝よ。藤田五郎（政行）以来別に藤花を用よ。或は之を輪にし、或が之を菱にすと云ふ
（「上州藤田系図」『埼玉県史』別編4。傍線は著者）

「藤田家譜略」にも「副啓家紋の事」と題して次のように記す（傍線は著者）。

相模守時季以前は十六葉の菊花を以て紋とす。時季おもへらく、菊花は禁朝の御紋に同し恐るへき事也と。因て敏達天皇の陵に詣て、祈請す。夢に帝金銭三を紅絲をもて結貫て賜る。時季不堪喜感、遂定て家紋とす。中世以来又藤丸藤菱をも紋とする者は、藤田の号に因て藤花を用る事となむ。今某（安勝）三の紋皆用之、就中三銭紋を以器械衣服の幟とする者は特に尚崇の心を寓する者也。

これによれば、藤田氏の家紋は「綿貫三連銭・藤丸・藤菱」ということになる（栗原一九九七）。また、「関東幕注文」に「藤田幕　ふたのかゝりの五つき地くろ」とあり、「管窺武鑑」「北越軍談」には、藤田氏の家紋は「五つ月あるいは上り

正龍寺本堂屋根に描かれた寺紋・丸に上がり藤　埼玉県寄居町・正龍寺

藤の丸」とある。

従四位下能登守信吉は、永禄元戊午年生る。家紋五ツ月、或は藤の丸なり。

（「管窺武鑑」『越後史集』地。傍線は著者）

然れば藤田能登守が白地に五星を画《エガ》き、白き藤の丸の招きつき着たる馬標《うまじるし》僻易《へきえき》して得《いろめ》くとぞ見へし。

（「北越軍談」『上杉史料集』中。傍線は著者）

『鉢形落城哀史』によれば、正龍寺の寺紋は〈上り藤〉と北条の〈丸に三つ鱗〉で、これは開基が藤田康邦・北条氏邦であり、そのため寺紋は藤田家・北条家の家紋を用いていると説明し、藤田家の家紋を〈上り藤〉とする。

秩父制圧に貢献した用土氏

上杉謙信は占領した土地を確保して民政に意を用いることなく、風のように引きあげていく。北条氏は越後勢が去った空白に乗じて攻勢に転じ、秩父谷の制圧に乗り出す。その先鋒は藤田乙千代丸（氏邦）であった。秩父地方を制するためには、かつて「秩父郡主」と名乗った藤田氏の力、藤田ブランドが必要であった。しかし、藤田の名跡を継いだ乙千代丸では、いまだ力不足であった。そこで北条氏が注目したのが藤田一族の用土氏であった。

用土氏は、藤田泰邦の弟と思われる重利が用土城（埼玉県寄居町）に移って用土新左衛門尉業国と称したことに始まる。業国は永禄三年（一五六〇）八月十三日に没した（「管窺武鑑」「新編武蔵風土記稿」）。法名は「天萁《てんき》禅定門」（高野山清浄心院蔵「越後国供養帳」）。業国には嫡男・弥八郎重連《しげつら》（重政ともいう）と次男・弥六郎（のちの藤田信吉）の二人の男子がいた。業国の跡は重連が継ぎ、重連は父同様に新左衛門尉を名乗った。「管窺武鑑」によると、重連は天文十一年（一五四二）の生まれとあるので、このとき十九歳であった。

用土城跡　埼玉県寄居町

北条家当主・氏康は、この若き用土新左衛門尉（重連）を懐柔するのである。氏康は同四年九月五日（「新編武蔵風土記稿」「武蔵志」では九月九日）、河南郷と白石弥三郎の跡地を安堵するなどして重連を手なずけ（「管窺武鑑」）、これを秩父谷制圧の先兵とすることに成功したのである。ここに天神山城の藤田梅王丸は上杉方、用土氏は北条方と、一族で分裂したことになる。なお、梅王丸の死は、氏邦が藤田家の娘婿となる前のことだとする異説がある。氏邦が藤田氏の家督を継承したのは梅王丸が早世したからで、大福御前の婿となって藤田家に入ったという（黒田基樹『戦国北条一族』）。

いずれにしても、用土氏は北条方の秩父地方制圧に大きく貢献するのである。すなわち永禄四年九月、用土南図書助が日尾城《ひお》（埼玉県小鹿野町）を攻略し、藤田氏の籠もる天神山城は北条氏の軍勢が侵攻したところで九月十一日に自ら開城している（「士林証文」）。このとき、梅王丸は殺害ないし自害したとみられる。「藤田系図」（『秩父物語』所収）は、梅王丸について簡単に「早世」と記すのみである。泰邦老母と西福御前については女性のため助命されたが、老母らは泰邦の菩提寺である藤田正龍寺に闕落《かけおち》（逃げ込んだ）した。「降参の不義ヲ悪ンデ逐電《ちくでん》ス」（「秩父吉田家系図」『埼玉叢書』二）とあり、藤田氏（天神山城）が北条氏に降ったことを悲観してのものであろう。

また、高松城（同皆野町）には、秩父郡の在地領主の多くが上杉方に呼応して籠城していた。永禄四年十二月三日、北条軍は高松城に明け渡しを要求する。当主の印を据え、「当地に旗を進める、城を早々に明け渡せ」という堂々たる文面で（「逸見文書」）、これに従い高松城は開城した。

高松城を鎮圧した北条氏は、秩父地方を完全に支配下に収めたのである。同月十八日、乙千代丸は秩父の土豪たちに千馬山城《せんばやま》（同皆野町）に「人質を出し、用土新左衛門尉（重連）に相談して奉公せよ。本領の地は安堵してやろう」と告げる（「逸見文書」「新編武蔵風土記稿」）。ほぼ同文の乙千代判物が、秩父市蒔田の内田家と皆野町野巻の逸見家とに一通ずつ残っていることから（「内田家文書」「逸見家文書」。なお、江口頁『実録 鉢形城主北条氏邦の生涯』では永禄五年十二月の書状とするが、同四年の書状であろう)、この日、秩父盆地に一斉に同文の判物が発布されたのであろう(鈴木一九八六B)。「逸見文書」には「桧山《ひやま》(日山)より罷《まか》り出《いで》し候面々」とあるが、日山(藤田氏館のあったところ)から恭順してきた面々という意味で、藤田氏の武将たちが北条氏に恭順したことを表しているようだ(峰岸・齋藤編二〇一一)。

永禄五年(一五六二)正月二十九日、乙千代丸は秩父衆に対し、「忠節を尽くせば恩賞を与える。詳細は用土南図書助が伝える」と書き送っている(「武州文書」「新編武蔵風土記稿」)。

同五年四月二日、北条乙千代丸は用土新左衛門尉(重連)に書を送り、山内上杉憲政(光徹)・上杉謙信(長尾景虎)の越国帰陣と厩橋城の焼失などを伝え、各豪族から差し出された人質(證人)を横《よこ》地《ぢ》と相談して館沢《たてさわ》(立沢。埼玉県皆野町)に置くこと、武蔵国御嶽《みたけ》城(同神川町)には人数を籠めて置くことなどを申し渡し、詳しくは三山《さんやま》綱定から伝えるとした(「逸見正夫氏所蔵文書」「新編武蔵風土記稿」)。館沢は三山谷(同小鹿野町)と共に秩父侵入を防ぐ要衝である。横地とは北条氏譜代の臣で横地監物丞吉信、またはその一族であろう(鈴木一九八六B)。

【乙千代丸書状】

廿八註進状、朔日到来、委披見、仍憲政(山内上杉)・景虎(長尾)越国へ必定帰候由承候、殊厩橋焼候哉、弥満足ニ可有之候、仍其地普請、如形出来、又水筋可然由、肝要ニ候、各證人衆之事、館沢尤ニ可有之候間、横地ニ申合、彼所ニ可置候條、可被存其旨候、御嶽（児玉郡）ニハ、人数籠候歟一段気遣候、昌龍寺（榛沢郡）辺へ打廻出候者、其擬可然候、然者、右衛門佐（藤田泰邦）老母、昌龍寺へ被闕落候哉、不審成様体候、自此方不知様、先何方ニ成共、可被置候、隋而大鉄砲弓之義意得候、委三山（三山綱定）可申、恐々謹言、
追而高松衆（秩父郡）、別而走廻候哉、祝着候、進退不続候共、当秋迄□□も可堪忍之由、可被申、一廉可扶持候、
四月二日　乙千代（花押）
用土新左衛門尉（重連）殿
（「逸見文書」『新編埼玉県史』資料編6。傍線は著者）

氏邦は四月二日付用土新左衛門尉宛書状のなかで、泰邦老母が正龍寺に闕落していたことを知らされていなかったため、氏邦は不審の意を示したものの、どこでも居住することを承認している。また、このことから寺が公権力の及ばない避難所の面をもっていたという指摘もある（鈴木一九八六B）。老母は正龍寺に須弥壇を造り、京都から釈迦三尊を取り寄せた人でもあった（「開基天山御影箱書」）。

乙千代丸は千馬山城の用土新左衛門尉（重連）に秩父衆の人質を管理させ、大鉄炮・弓を準備させて上杉方に備えさせる一方、秩父衆を動員して御嶽城方面への侵攻を命じた。用土新左衛門尉は秩父衆の勤務状況を乙千代丸に報告していたようで、乙千代丸は四月十七日、秩父左衛門尉に対し、忠節

を尽くせば恩賞を与えると伝えた（「小田原編年録」）。八月四日、乙千代丸は用土新左衛門尉（重連）に木部一跡（藤田氏の旧領）を与え、御嶽城の動向を尋ね、御嶽方面への警戒を命じた（「管窺武鑑」「新編武蔵風土記稿」）。

【乙千代丸書状写】

織田返候、一筆進之候、此間者、御嶽郷珍敷義無之候哉、承度候、如何様にもからくり可被引付候、彼地之儀簡要候、仍自先度御望間、木部一跡遣之候、弥可有走廻候、此方御馬、一両日之中ニ而候間、其郡人衆無油断申付、可被相待候、尚以御嶽之事、専一ニ候、吉田宮内事、問答之儀、是非為可申付、此方江可被越之由、申候処終無返事ハ、無曲次第ニ候、随而少地之事ニ候得共、猪股方江一所遣、弥可被走廻候由専要候、恐々謹言、

追而富永与六者、同（日カ）尾江越候間、有指南可給候、久者之義ニ候、

八月四日　　乙千代判

用土新左衛門尉（重連）殿

（「管窺武鑑」『新編埼玉県史』資料編6）

このように、用土新左衛門尉（重連）は乙千代丸に属して千馬城にあって高松衆・秩父衆をまとめた。そこで、同六年二月二十六日、北条氏康・氏政父子は連署で新左衛門尉（重連）に「一乱以来忠信浅からず」と武州長浜郷（埼玉県上里町）・保木野《ほきの》之村（同本庄市）・同久長《ひさなが》村（同秩父市）の旧領を安堵

した（「管窺武鑑」「新編武蔵風土記稿」）。

小田原の北条本家から安堵された旧領とは、用土業国（重利）の遺領という意味もあるだろうが、藤田泰邦（あるいは梅王丸）の遺領という意味でもあったと思われる。乙千代丸は藤田氏の所領は当然、藤田家の後継者である自分の自由になるものと思っていた。しかるに小田原本家は乙千代丸に与えず重連に与えたので、乙千代丸はおおいに憤慨したという（「改正三河後風土記」『日本城郭全集』4ほか）。これが尾を引いて、のちに乙千代丸は用土重連を毒殺するのである（「三百諸侯」）。この頃、重連は母（小林少淋斎娘）がすでに没していたからか、祖母（泰邦老母）を証人（人質）として小田原（神奈川県小田原市）へ送ったようだ。泰邦の老母自体は藤田（用土）一族の象徴的存在で、証人としての効果はあったのであろう。

同七年六月頃、乙千代丸が藤田氏の居城天神山城に入り（浅倉一九八八）、藤田新太郎氏邦を名乗った。藤田家の継承者という意味もあって、氏邦の「邦」の字は義父・泰邦の一字をとったものという（『上里町史』通史編上巻）。六月十八日、氏邦は印判状をもって自ら領国支配に乗り出し、永禄七年以降の氏邦発給文書には用土重連の名はみられないので、秩父の支配権は重連からの移行が終了し、氏邦の支配体制が確立したのであろう（浅倉一九八三）。このことは、北条氏邦にとって用土新左衛門尉の存在価値は薄れ、今後その存在そのものも邪魔になっていくのである。ちなみに、氏邦は初め藤田姓を名乗ったが、天正十五年（一五八七）頃までには北条姓に戻している（黒田二〇〇五）。

第二章　北条氏康の元で沼田城代となる

信吉の誕生

いよいよ信吉《のぶよし》の登場である。信吉は、永禄元年（一五五八）、用土城（埼玉県寄居町）主の用土新左衛門尉業国（重利）の次男として用土城で生まれた（「管窺武鑑」「廃絶録」『鉢形落城哀史』『越佐人物史』『西方町史』ほか）。母は法名「妙光禅定尼」（高野山清浄心院蔵「越後国供養帳」）という。業国（重利）の室が小林少淋斎《しょうりんさい》の娘（「小林系図」）なので、母は小林少淋斎の娘であろうか。幼名を虎寿丸《とらじゅまる》（「系図纂要」第八）、のちに弥六郎、新六郎といった。別称、新左衛門尉、源心、能登守、豊後守、のちに忠季《ただすえ》、忠秀《ただひで》、忠孝《ただたか》、重信《しげのぶ》という（「越国諸士」「福島城相伝」「長国寺殿御事蹟稿」ほか）。

なお、信吉は上州の人であるとの異説がある。

①「藤田能登守某もと上杉景勝が家人なり。上杉家にて七組の頭、一手の大将たり、上州名和（那波。群馬県伊勢崎市）の人なり」（「武家事紀」）

②「藤田能登守信吉、小野姓、本国上野」（「断家譜」）

さらに、信吉の誕生年にも諸説がある。

①永禄元年説「管窺武鑑」「廃絶録」『鉢形落城哀史』『越佐人物史』『戦国人名辞典』

②永禄二年説『戦国人名事典』『越佐人物史』

③永禄三年説『三百藩藩主人名事典』第一巻

④生年不詳『直江兼続大事典』『上杉謙信大事典』『後北条氏家臣団人名辞典』『日本人名大事典』

『埼玉人物事典』ほか

そして従来、藤田泰邦と信吉の父である用土新左衛門尉業国（重利）は同一人物とされていたが、前述のように別人であろう。泰邦は弘治元年に没しているので、用土城へ移ったのは泰邦の弟・業国であろう。

また、信吉は永禄元年から三年までの年に藤田（小野）泰邦の次男として生まれたとされるが、泰邦はすでに天文二十四年（一五五五）に死んでいる。そのため、信吉は泰邦の子ではない。黒田基樹氏は、藤田泰邦と用土新左衛門尉は別人であり、用土新左衛門尉は天文五年に所見される用土新三郎業国（「熊野神社鰐口銘」）と同一人であるとし、「永禄八年所見の用土新六郎（信吉）が、後に父・業国と同じく新左衛門尉を称し、天正七年頃に氏邦より沼田城将として据えられ、翌八年八月に武田氏に従属することに至った」とし、信吉の父は用土新三郎業国であると指摘する（黒田一九九四）。

ちなみに、藤田泰邦の後室・西福御前は大石隼人定久《さだひさ》の娘という（「藤田系図」『秩父物語』）。一説には岡野隼人の娘ともいう（「藤田修理亮系図」「武衛柴崎系図」）。永禄五年（一五六二）四月二十九日（一説に四月六日あるいは四月十九日）に没し、法名を「藤光院嶺梅芳春《とうこういんれいばいほうしゅん》禅大姉」と号した。享年三十六という（『秩父路の古城址』『鉢形落城哀史』）。「正龍寺過去帳」には法名「宝林院《ほうりんいん》嶺梅芳春禅大姉」とある。

信吉、用土新六郎を名乗る

永禄三年（一五六〇）八月、父・業国（重利）が死ぬと遺領の大半は兄・重連が継いだが、虎寿丸《とらじゅまる》（のちの藤田信吉）は「武蔵田五百貫」（「野史」）とか「武蔵の地千五百貫」（「藩翰譜」）を与えられたという。虎寿丸は、同七年（一五六四）頃には用土新六郎を名乗っている。

その頃、藤田領の支配権は用土新左衛門尉重連から藤田家の継承者・氏邦へ移行が終了した時期でもある。同年頃より、氏邦は印判状を用いて藤田領国の支配に乗り出した。

同八年正月七日、氏邦は用土新六郎に武蔵国久長《ひさなが》（埼玉県秩父市）の天徳寺門前から出す船役一隻分を免除する内容の印判状を発給した（「天徳寺文書」）。奉者は三山五郎兵衛綱定《つなさだ》で、初め小田原本城の奉行人を務め、氏邦の養子縁組に伴い藤田領に入って氏邦政権確立に奔走した人物である（浅倉一九九七）。

【北条氏邦印判状】

久長（秩父郡）之内、天徳寺従門前出船役、壹艘之分、令免許者也、仍如件、

丑

奉之

正月七日（朱印）　三山五郎兵衛

用土新六郎殿

（「天徳寺文書」『新編埼玉県史』資料編6）

永禄十一年（一五六八）、氏邦は鉢形城《はちがた》（埼玉県寄居町）まわりの検地を行ったうえで、井上雅楽助《いのうえうたのすけ》に二貫二百文を宛がっている。これにより旧藤田領が氏邦によって完全に把握されたことがわかる（『後北条領国の地域的展開』）。その後、氏邦は鉢形城を修築し、同十二年二月頃、天神山城を出て鉢形城に移り、安房守氏邦と改め、ここを本城とし藤田氏領を支配した。その後、天神山城には氏邦の実弟・氏光（北条氏康の六男）が入ったという（『日本城郭全集』４ほか）。

氏光は、藤田泰邦の武勇にあやかり右衛門佐を名乗った。「藤田家譜略」（『埼玉叢書』四）は「康邦無嗣によって　氏康の次男・新太郎氏邦を養子として其女に配し家を続しむ。氏康又己れの第六子氏光をして藤田氏を冒《おか》して藤田右衛門佐氏光と称せしむ。其勇武の康邦に似んことを欲してなり」とある。

こうして藤田領は氏邦に乗っ取られたわけで、藤田一族の用土氏は氏邦の家臣に組み込まれた。「鉢形北条家臣団分限録」（『埼玉叢書』二）によれば、用土新左衛門尉について「四百貫郡代」と記述されている。日尾城の町田土佐の千五百貫に比べかなり少ない高で、「分限録」の内容には疑問が残る。もっともこれは後世に書かれたもので、そのまま記述を鵜呑みしないほうがよさそうである（千代田二〇一〇）。いずれにしても、用土氏に氏邦の軍事指揮下に入る。年未詳七月二十九日北条氏邦書状写（「正龍寺文書」）では、新六郎（弥六郎、信吉）ほか五人は氏邦が明日出馬するので、三日に江戸城（東京都千代田区）に着陣するよう命じられている。

【北条氏邦書状写】

明朔日御出馬必定候、其地人数、三日ニ必々江城（江戸）可打着候、鑓・小旗着到之義、少も無不足様ニ可被申付候、人衆ちりちり候無之事、肝要候、煩能候間、来十日頃者可被参陣候、御嶽へも夜通飛脚を差越、彼衆たふたふと可被立候、尚以、明日朔日御出馬治定候、三日江城可罷着候、日限無相違様ニ可被致候、立物なとなき一騎合、不及御意候ハ、成給候、屋陣《ママ》なとせまくも、可一騎、一人遠不可陣取候、一所ニ可被申付候、恐々謹言、

右、何時も陣屋一所ニ可被取候、

七月廿九日　　氏邦（花押）

猪俣左衛門尉殿
本郷越前守殿
用土新六郎殿
黒澤右馬助殿
逸見左馬亮殿
増田弾正忠殿

（「正龍寺文書」『新編埼玉県史』資料編6。天正十八年の書状として扱う）

三増峠の戦いが勃発

永禄十二年（一五六九）、北条氏政《うじまさ》（氏康の子。一五三八～一五九〇）と上杉謙信は和睦し（越相同盟）、共通の敵・武田信玄（一五二一～一五七三）に対抗しようとした。これに対する報復として、武田信玄は九月一日、甲府（甲府市）を出て信州佐久郡から碓氷《うすい》峠を越え上野国（群馬県）に兵を進め、さらに武蔵国の北条領に進攻した。九月十日、北条氏邦を守将とする武蔵の鉢形城（埼玉県寄居町）を包囲した。用土重連・新六郎（弥六郎、信吉）兄弟も籠城したと思われる。

北条氏政は小田原でその報告を聞き、上杉謙信に出兵を要請した。鉢形城の守備はかたく、信玄は囲みを解いて急遽南下し、北条氏照が守る多摩の滝山城（東京都八王子市）を襲った。しかし容易に落ちず、城攻めを断念した信玄は十月一日、小田原（神奈川県小田原市）攻めに転じた。城内には北条一族と約一千人の城兵が残留していただけで、北条軍は各地へ散っていた。突然の武田軍の奇襲に狼狽したが、難攻不落を誇る小田原城は城攻めに備えて万全だった。しかし、城を包囲した信玄は攻撃する気配をみせず、四日にわたる睨み合いのまま時を過ごした。北条方の支城からの援軍が小田原へ急行している気配に信玄は四日朝、津久井《つくい》に向けて引きあげを始めた。

小田原危機の情報が北条方の支城に伝達され、北条氏照・氏邦兄弟・遠山・大道寺の諸将の北条軍が小田原目ざして集結、武田軍が撤退してくる津久井・愛甲《あいこう》両郡境の三増《みませ》峠周辺数ヶ所に布陣して待ち構えた。十月六日に両軍が激突し戦いが行われたが、武田軍は小荷駄《こにだ》隊が拿捕《だほ》され、二百余人の戦死者を出すなどの痛手を受けたが、甲斐へ引きあげた（『武田信玄のすべて』）。これが三増峠の戦いである。この戦いには、氏邦軍の一翼として用土重連・新六郎（弥六郎、信吉）兄弟も参加したと思われるが、残念ながらその記録はみあたらない。

紅林紀伊守の娘を娶る

元亀元年（一五七〇）頃、新六郎（弥六郎、信吉）は氏邦の家臣・紅林《くればやし》紀伊守の娘を娶った（「管窺武鑑」）。紅林氏はもと遠江国城飼《きこう》郡棚草《たなくさ》郷（静岡県菊川市）の地侍であったが、天文二十四年（一五五五）五月、紅林次郎右衛門・同左京亮が数年にわたり七十貫もの税を滞納していたことが発覚し、棚草郷から追放されている（「長谷川文書」）。その後、小田原北条氏に拾われたのであろう。一説には、永禄十二年（一五六九）に主家の今川氏真が武田信玄に攻められ小田原に亡命した頃、北条氏に仕えたともいう。紅林紀伊守については『後北条氏家臣団人名辞典』にも記されておらず、よくわからない。

後年、信吉は北条氏と袂を分かつが、そのタイミングとして妻の紅林氏の死を待っていた節があることから、紅林氏との婚姻は北条氏政による政略的なものであったと思われる。氏政は用土氏を北条一門として遇しており、紅林紀伊守の娘との縁談は氏政の口添えがあったのではなかろうか。

用土重連が沼田城代となる

沼田城の石垣　群馬県沼田市

上野国沼田城（群馬県沼田市）は上野利根郡第一の要衝で、上杉謙信の越山の際の重要拠点である。当時の沼田城主は沼田顕泰《あきやす》で、弘治三年（一五五七）、顕泰は子・弥七郎朝憲《とものり》（憲泰《のりやす》）に家督を譲り、子・平八郎景義《かげよし》（景泰《かげやす》）を伴い川場《かわば》の天神山城（同川場村）に隠居し、入道して万鬼斎と号していた。

ところが、顕泰は景義を可愛がるあまり沼田城主にしようと考え、永禄十二年（一五六九）正月六日、朝憲を川場に誘い謀殺してしまった。これに怒った沼田の家臣たちは顕泰・景義父子を会津の芦名盛隆《あしなもりたか》のもとへ追放してしまい、その旨を上杉謙信に報告した。そこで謙信は城主を失った沼田城を上杉の番城とし、家臣・柴田右衛門尉を城代として派遣した。柴田は郡奉行の金子・松本らと仲が悪く一ヶ月たらずで越後に帰り、代わって上野家成《うえのいえなり》、河田重親《かわだしげちか》が城代となった。

天正六年（一五七八）三月十三日、上杉謙信が後継者を決めずに死去した。これにより、謙信の二人の養子・景勝と景虎《かげとら》（北条氏政の弟）による跡目争い、御館《おたて》の乱が勃発した。上杉家は内乱に突入し、国外の領地にかかわる余裕がなくなった。このどさくさに、同年六月から七月にかけて北条氏政の弟・氏邦が上杉景虎を援けるためと称し、三万の大軍で上杉領の東上野へ進攻してきた。上杉から派遣されていた沼田城代は逃げ出す。氏邦はこうして乗っ取った沼田城の城代として家老・富永助盛《とみながすけもり》（のちの猪俣邦憲《いのまたくにのり》）を置いた（「北爪右馬助覚書」）。ところが、小田原本家の北条氏政は十一月、富永助盛を赤城山南麓の女淵《おなぶち》城（前橋市）に移し（「奈良原文書」『戦国北条一族』）、沼田城代として用土新左衛門尉重連を任じ、「相備として紅林紀伊守・布施平左衛門・井上などいふ士大将を添へ」（「上野志」上　沼田城）たのである。氏政は用土重連を北条一門として遇する一方、旧藤田領から遠ざける意味もあったのであろう。

　ところで、用土氏は上杉憲政を供奉《ぐぶ》して越後に逃れ、上杉謙信に仕えたという説がある。沼田城代となった時期は永禄年間で、謙信により城代に任ぜられたとするが、これは誤伝であろう。

①「天正九年（天文二十一年カ）巳正月十八日夜、上杉民部大輔憲政及落城に越後国春日山之城輝虎方え落行、供奉せし面々五十八騎、左に記す、（略）岡谷加賀守　秋元上総介（略）用土新左衛門（略）」（「深谷古来鑑」『埼玉叢書』二）

②「上杉謙信既に上杉憲政の管領職を受け継ぎ、近衛殿下を奉して、関東に越山し、同十月自倉内（沼田城）を攻む、猪俣和を乞て南方に走る、即ち用土新左衛門邦房に命じて、城主たらしむ、其子藤田能登守信吉に至りて城主たり」（「上野国志」沼田城）

③「永禄の初上杉謙信是（沼田城）を攻捕り用土新左衛門邦房に授て、当時藤田能登守信吉伝へ居れり」（「関八州古戦録」巻十）

④「永禄十年、上杉謙信是を攻取り、柴田右衛門尉を差置き、翌年川田伯耆守城代となり、病気に依りて同国新田へ退去。之に依りて用土新左街門邦房に授けらる。当時藤田能登守信吉へ伝はり居住す」（「上野志」『上野志料集成』一）

沼田城代に抜擢される

しかし、北条氏邦は沼田城代人事に不満であった。そして、天正六年（一五七八）十二月、沼田城内で城代の用土重連が急死する。重連の死は、かねて重連に含むところのあった氏邦がひそかに手段をめぐらし、毒殺したという（「管窺武鑑」）。「藩翰譜」では、沼田城は氏邦に降った城なので、氏邦に与えられるのが筋だとして、嫉妬した氏邦が重連を毒殺したとある。前述したように、北条氏から養子に入った氏邦が藤田家の家督を継ぎ、藤田直系の重連は分家の用土氏のままである。両者の間に感情のもつれがあったことは想像される。

城代・重連の急死を知った北条氏政は、これまた氏邦の意に反して重連の弟・新六郎（弥六郎、信吉）を城代に任じた（「藩翰譜」「上野志」ほか）。時に新六郎二十一歳の青年武将であった。氏政は、新六郎をあくまで北条一門として遇したのだろう。そして新六郎は兄・重亘の名乗り「用土新左衛門尉」（実名ははっきりとしていない。「正憲」の可能性もあるが、本書では信吉としておく）を継承する。「藩翰譜」は次のように記す（傍線は著者）。

沼田城の復元模型　写真提供：沼田市観光協会

天正六年の春、上杉弾正大弼入道謙信卒して後、上野国沼田の城、安房守重氏（氏邦）に降る。左京大夫氏政（氏康の嫡子、重氏が兄なり）、用土新左衛門尉重連して彼の城を守らす。安房守重氏これを恨み、われ氏康の子にして氏政の弟なり、縦令故新左衛門尉重利が子にならずとも、是程の所領ゆづられざらんや、ましてや此の沼田の城は重氏に降りしを、又重連に賜はるこそ安からねとて、頓て重連に毒すすめて殺しぬ。氏政、重ねて重連が弟弥六郎信吉して、兄が跡を継ぎて沼田の地を守らす。安房守重氏、いよいよ安からぬ事に思ひ、氏政、氏直父子に信吉が事さまざまに讒す

なお、「北越城主抜書」に「藤田能登守北国一番の武士也、上杉謙信家老職にて数代ノ侍なり」とあり、「武辺咄聞書」には、信吉が川中島の合戦の様子を「藤田・川窪物語也」とあり、信吉が川中島の合戦に従軍したかのごとく記す。信吉は謙信の家臣で、「沼田根元記」では「藤田能登守当御城代に越後よりつかわされ候よし」と、永禄十二年に信吉は上野中務大輔らと共に沼田城に派遣されたという。「管窺

武鑑」では、沼田城将であった信吉は謙信没後の越後内乱の隙に沼田城に攻め寄せた北条氏に降ってその家臣となったというが、これは誤伝であろう。

また、千馬山城（埼玉県皆野町）の城主は用土新左衛門で、初代重利、二代正光《まさみつ》、三代正憲《まさのり》という（「新編武蔵風土記稿」『日本城郭全集』4）。この三代を重利・重連・信吉の三代にあてると、信吉の用土氏時代の実名は「正憲」となるが、いかがであろうか。

名胡桃城を攻める

天正七年（一五七九）、武田勝頼《かつより》（信玄の子。一五四六～一五八二）の臣・真田《さなだ》昌幸《まさゆき》（一五四七～一六一一）は岩櫃《いわびつ》城（群馬県東吾妻町）を拠点に東上野進出の機をうかがっていた。そして同年九月、名胡桃《なぐるみ》城主（同みなかみ町）の鈴木重則《しげのり》、小川城（同）の小川可遊斎《かゆうさい》を武田（真田）方に内応させた。北条氏邦は猪俣邦憲《くにのり》・用土新左衛門尉（信吉）を先鋒として十月二十日、五千の軍勢で名胡桃・小川の両城を攻めた（「加沢記」）。

名胡桃城主・鈴木重則は城を払って出撃し、小川島若宮八幡宝前（同みなかみ町）、右衛門ヵ沢、師《もろ》戸《ど》阿弥陀寺（同みなかみ町、津）のあたりで未明から用土勢と激戦をつづけ、戦い疲れて退けば用土の家来・塚本仁兵衛がつけ入って、高橋右衛門の嫡子を討ちとった。そのうちに大雪が降り出し、両軍は退き、大兵を擁した氏邦は鉢形へ帰陣したという（『上毛古戦記』『日本城郭全集』6）。「加沢記」

は次のように記す。

月日を被送ける処に信州より昌幸公出張有て中山、尻高、名胡桃、山名、発知以下降参之由北条氏直聞給て不易とて其勢五千余騎を以猪俣、藤田（用土）、渡辺、下沼田、恩田、久屋　左馬允□□以下先懸の大将にて頃は天正七年十月廿一日名胡桃、小川の両城へ取詰給て手痛相戦ける処に、鈴木主水重則自身打て出、藤田と小川嶋若宮八幡宮宝前、右衛門ヵ沢、師戸阿弥陀寺の辺にて相戦けるか多勢に逢其上未明よりの戦草臥貝吹て城中へ引入けれは、藤田か手の者塚本仁兵衛続て城中へ乗入けれは、般若曲輪の木戸にて鈴木の手の者高橋右衛門か嫡子返し合て塚本と相戦けるか、終に塚本に首を被取にけり、其時仁兵衛氏直の感状賜けり、

今度於名胡桃敵壱人討捕高名感悦候、弥可馳廻候、仍如件

卯十一月十日　　氏直在判

塚本仁兵衛殿

（傍線は著者。註、藤田とあるが用土のことであろう）

こうして利根川西岸を武田方が固めたため、沼田城代の用土信吉は明徳寺《めいとくじ》城（天神山城。群馬県みなかみ町）を修築して沢浦隼人・渡辺左近・西山市之丞・師《もろ》大助らを置き、武田方の名胡桃・小川両城に対峙させた。

第三章　武田勝頼に仕える

武田氏に内応する

北条氏邦は、用土信吉が沼田城代ということにも反対で、彼は沼田を自分の腹心に与えてこれを主宰しようと「氏政・氏直《うじなお》父子に、信吉が事さまさまに讒《ざん》」（「藩翰譜」）していた。さらに信吉の暗殺まで企てたが、失敗したという（四方田義男『鉢形落城哀史』）。兄・重連の死因に疑いを抱き、日頃、信吉が氏邦に警戒していたからだ。このようなことがあって城内の人心が動揺、親用土派と反用土派にわかれる事態に発展した。そこに、武田方である真田昌幸の調略の手が延びてきていた。

上杉景勝（謙信の養子、一五五五～一六二三）と同盟を結び、景勝より上州の上杉領割譲を受けた武田勝頼は、真田昌幸に沼田城攻略を命じた。昌幸は岩櫃城（群馬県東吾妻町）から進軍する。昌幸は名胡桃城を改修し、ここに入って沼田城攻めの本陣とした。名胡桃城は沼田城と利根川をへだてた地にあった。

天正八年（一五八〇）正月十一日、昌幸は名胡桃城で軍議を行い、同月二十一日には利根川を渡り、明徳寺城に対し七百余騎をもって攻撃を加えた。渡辺左近・西山市之丞・師大助・栃原・喜田・竹内・山口の諸将は城代・矢部豊後守と共によく防戦に務めたが、ついに敗れ、同月三十一日、師《もろ》（同みなかみ町）の竜谷寺の裏山を通って沼田城に退いた。真田方は城に火をかけて近郷を焼き払い、昌幸は重臣の伊藤備中守・出浦上総介を明徳寺城に置き、名胡桃城に引きあげた（「加沢記」『月夜野町史』）。昌幸や矢沢綱頼《つなより》は、なるべく沼田城の力攻めを避けて調略をもって占領することにし、盛んに沼田城将を調略する。これが効を奏して四月上旬、金子美濃守・渡辺左近・西山市之丞の三人が沼田城を脱し、昌幸の本陣なる名胡桃城へ投降した（「加沢記」）。

兄・重連の死の真相を知って氏邦を恨むようになっていた用土信吉は、氏邦による「益々強く氏直・氏政の二人に信吉を譏すること甚だし」（「三百諸侯」）く、自らの北条家における将来に不安を感じていた。妻の紅林紀伊守の娘は去年亡くなり、小田原に止め置かれていた人質の老母（藤田泰邦老母＝信吉祖母であろう）がこの正月に亡くなり、もはや北条氏に気兼ねする必要はなかった。そこに西上野衆の小幡信実《おばたのぶざね》家臣・熊井土《くまいど》氏を通じて真田昌幸の密書が届く。こうした昌幸の調略の手が動いていたこともあり、信吉は家老の伊古田《いこた》十右衛門・増毛《ましけ》甚右衛門と内談して武田に内応することを決意する。「管窺武鑑」は次のように記す（傍線は著者）。

此節、兄の重連を、氏邦毒殺の事をも聞く故に、氏邦へ恨深し。されども、我が妻は、氏康より氏邦へ付置かるゝ武功の士大将紅林紀伊守の娘、是は去年死去なり。老母藤田右衛門の後室存生にて、小田原にあり。故に其年は、猶予して過しつるに、翌年正月、老母死去せる故に、家老の伊古田十右衛門・増毛甚右衛門と内談して、増毛を飛脚に仕立て、真田安房守方へ、我等事、北條へ斯くの如きの遺恨あり。沼田を、勝頼公へ差上ぐべき間、御出勢候へと申入るゝ事、天正七己卯年二月初なり

信吉は昌幸の元に増毛甚右衛門を派遣、起請文を認《したた》めて昌幸に託した。昌幸はこれを喜び、今後

の処遇については希望通りになるよう力添えをすると約束し、その使者真下《ましも》（真下但馬守か）の眼前で起請文を認め、血判を捺している。そのうえで昌幸は、計画の露見を避けるためにも、信吉にクーデター決行を急ぐよう促した。

用土信吉は五月四日、北曲輪の守将・藤田彦助重貞《しげさだ》（「加沢記」では信吉の弟で彦助信清という）らの反対をしりぞけ、寄手に降服を申し出た。反対した藤田彦助および吉田新介らは同志と共に城を脱し去った。「沼田にありし重氏（氏邦）の兵を鏖殺《みなごろ》しに為して城をば武田にまひらせたり」（「三百諸侯」）と残った北条方の兵を殺し、五月十三日、沼田城はついに開城した。昌幸が沼田城を請け取るため、城に乗りこんだときの様子を「加沢記」は次のように記す。

藤田信吉（用土新左衛門尉）は本丸北の番所に出て団扇を以奉招ければ、昌幸公は保科曲輪より乗入給ひて本城に御入有ける、藤田も頓て御対面有て御喜悦不浅けり、懸りける処に藤田彦助は北条曲輪に在けるか、兄・信吉の仕方不及了（簡カ）とて藤田を内へ不入、既に及合戦処に昌幸公色々御宥免あつて合戦はなかりけり、此旨甲府え御注進有んとて真下但馬守ニ被仰付早速注進有けれは勝頼公御悦有て藤田には利根東郡三百貫文被宛行の旨御證文被下ける、藤田彦助同家臣吉田新介浪人したり、藤田信吉より人質を取沼田城代に被居たり、本丸藤田、二丸海野能登守父子、下沼田豊前、北条曲輪金子美濃守、発知刑部太輔、三丸渡辺左近、恩田越前守、大膳曲輪久屋左馬允、保科曲輪西山市之丞、守護代藤田海野両人也

（「加沢記」『沼田市史』資料編1）

そして六月三十日、無血開城の褒賞として、勝頼から信吉に利根川東郡三百貫文の所領が与えられたという（「加沢平次左衛門遺著」）。しかし、この書状は時期・内容共に合致しないことから、同文書は偽文書といわれている（黒田一九九四）。

また、信吉は武田に仕えず越後に逃れたという異説もある。

①「天正七年己卯七月、勝頼、西上野の領分へ出張、先方の残輩を案内者として沼田へ寄せらる。藤田能登守、河田伯耆守、倉内の城を開て三国峠越に越後へ退く」（「関八州古戦録」）

②「天正七年七月、武田勝頼、東上州を却略《きょうりゃく》して倉内を攻めしむ。此時、藤田及び加勢河田伯耆守、城を開きて越後に退く」（「上州故城塁記」倉内城『上野志料集成』一）

ちなみに、沼田城将・紅林紀伊守は信吉の舅なので、信吉から勝頼に助命を乞い、勝頼はその武名を知って武田に随身するようしきりに勧めたが、紀伊守は応じず里川通りを鉢形へ帰ったという（「管窺武鑑」）。

藤田能登守を名乗る

八月十八日、昌幸は用土信吉に書状を送り、武田に味方してくれたことを喜び、いっそうの奔走を求め、身血を染めて誓詞を渡した。信吉は、北条氏時代には用土新左衛門尉（実名不明）と称していた。

同八年八月十七日頃までは用土新左衛門尉を名乗っていたことは左記の書状よりわかる（「松代古文書写」）。「用新」とは用土新左衛門尉（あるいは用土新六郎）のことであろう。

【真田昌幸書状写】

御懇札快然候、仍御亡父先年当方仰わ《あカ》わせられ候処、又御しやきやう熊井土をもって拙夫申談候、よしみ《好》御しつねん《失念》事候、今度無二御ちうしん《忠信》をぬきんてられ、その地のつとれ相わたさるへき旨、御せひし《誓詞》に預り誠にひるい《比類》なき次第候、此上は無二申あわせ候、御身上之儀も御所望のと《こ脱カ》くちそう《馳走》せしむへく候、此所いさゝか御きしん《疑心》か有へらす候、そのため御さくい《作為》にまかせせひし《誓詞》相したゝめ、ましを《真下カ》方かんせん《眼前》におゐてしんけつ《身血》をそめ進之候、然上はひきつめ《引詰》られ候て一両日中に御しゆひ《趣意》をあわせられ御ちうせつ《忠節》もつとも《尤》に候、のひのひに候ては、しせん《自然》時宜ろけん《露見》候へは、貴殿御ため大せつ《切》に候、其御心専用候、井古田方明晩かならす《必》おこし候へく候、てたて《行》のやうす《様子》直に申あわすへく候、恐々謹言、

追而蒙仰旨、ふかくおんミつ《隠密》せしめ候、可御心安候、但御さくい《作為》に候間、当陣へ跡部尾張守（勝資）・土屋右衛門尉（昌恒）方被罷立候間、両人に計申きかせ候、彼人も無二可被申合旨候間、ひつきやう《畢竟》其許の御とゝのい《調》かんやう《肝要》に候、

八月十七日《天正八年》　真房

用新　昌幸（花押）

（「松代古文書写」＝黒田一九九四ほか）

信吉はこの用土新左衛門尉という名を捨て、武田氏従属を契機として名字・官途・実名のすべてを改める。すなわち、藤田能登守信吉と改めたのである。その時期は天正八年（一五八〇）九月から十二月の間であろう。信吉の名は（所見は同九年六月十六日付藤田信吉書状）、武田氏従属後に武田勝頼より藤田の名跡と武田氏の通字「信」を与えられて改名したものとされる。藤田能登守の名字・官途は、それぞれ藤田氏宗家の家督、藤田（北条）氏邦・猪俣能登守邦憲（富永助盛）に対する強烈な対抗意識からの所産であったという（黒田一九九四）。

「管窺武鑑」は、信吉を畠山重忠《はたけやましげただ》の後裔と記している。この書は信吉の姻戚関係にある夏目定吉が記したもので、夏目がよもや間違うことはないと思われるので、信吉が自称した由緒をそのまま記述したと考えられる。小野姓藤田家は北条氏に乗っ取られた。そこで信吉は、畠山重忠の後裔を名乗り平姓に改めたのであろう。重忠は罪なくして北条時政に謀殺された武蔵を代表する鎌倉幕府の御家人で、鎌倉武士の鑑《かがみ》と喧伝された人物である。この重忠の後裔と称したことは、時政の後裔と自称する小田原北条氏に対する強い対抗心を感じる。

また、小野姓藤田氏がのちに重忠の遺領を継いだことからも、重忠の後裔を称したという指摘がある（栗原二〇一〇）。

海野竜宝の娘を娶る

信玄以来、武田氏が要望しつづけた沼田城占領の報を受けた勝頼はおおいに喜んだ。そして沼田攻略の論功行賞において、勝頼から最も尊重されたのは降将の藤田信吉であった。勝頼は信吉から人質（誰か不明）をとり、真田昌幸が去った沼田城に今まで通り信吉を城代として本丸に置き、二の丸には海野《うんの》輝幸《てるゆき》父子と下沼田豊前守、北条曲輪には金子泰清《やすきよ》と発知《ほっち》刑部大輔、三の丸に渡辺左近と恩田越前守、大膳曲輪には久屋左馬允、保科曲輪には西山市之丞を置いた（「加沢記」『上毛古戦記』）。

そして十二月九日、沼田城開城の恩賞として、勝頼は藤田信吉に上野国沼田や利根《とね》南雲《なぐも》（群馬県渋川市）・利根河東・沼田（同沼田市）といった沼田城廻りの大部分の所領を宛がった（「長國寺殿御事蹟稿」）。信吉の与えられた知行は、「加沢記」巻之三では「藤田信吉は領地片品《かたしな》郷之内沼須《ぬます》の城賜りけり、沼須より平出《ひらいで》・岩室《いわむろ》・□□・高平《たかひら》・生枝《なまえ》・古語父《こごぶ》・生品《なましな》・発知・秋塚《あきづか》・奈良・原地三百貫文の地也」と利根川東部三百貫、「管窺武鑑」では沼田城廻り三千貫とそのほかを合せて五千七百貫であったという。一定していないが、沼田城廻りの大部分には間違いなさそうだ。信吉ら所領を安堵された諸士は、真田昌幸へ御礼として脇差などを贈った（「加沢記」）。「加沢記」の「進上物之覚」によれば、信吉は「小野姓」でなく「平姓」でもなく、なぜか「藤原姓」とある。これは「加沢記」の誤記であろうか。

進上物之覚

高木貞宗御脇差一腰　　藤田能登守

一乗鞍銀幅輪壱口
黄金壱枚　　　　藤原信吉

（「加沢記」『沼田市史』資料編1）

十二月二十九日には、信吉が武田氏へ内通する時、飛脚として沼田と信州の間を行き来した真下但馬に対し、勝頼はその働きを認めて信州河北の内の地を宛がった（「加沢記」）。奉者は真田昌幸である。

信吉は沼田地方にかなり多くの土地を知行し、沼田の北方片品郷の沼須（群馬県沼田市）に城を構

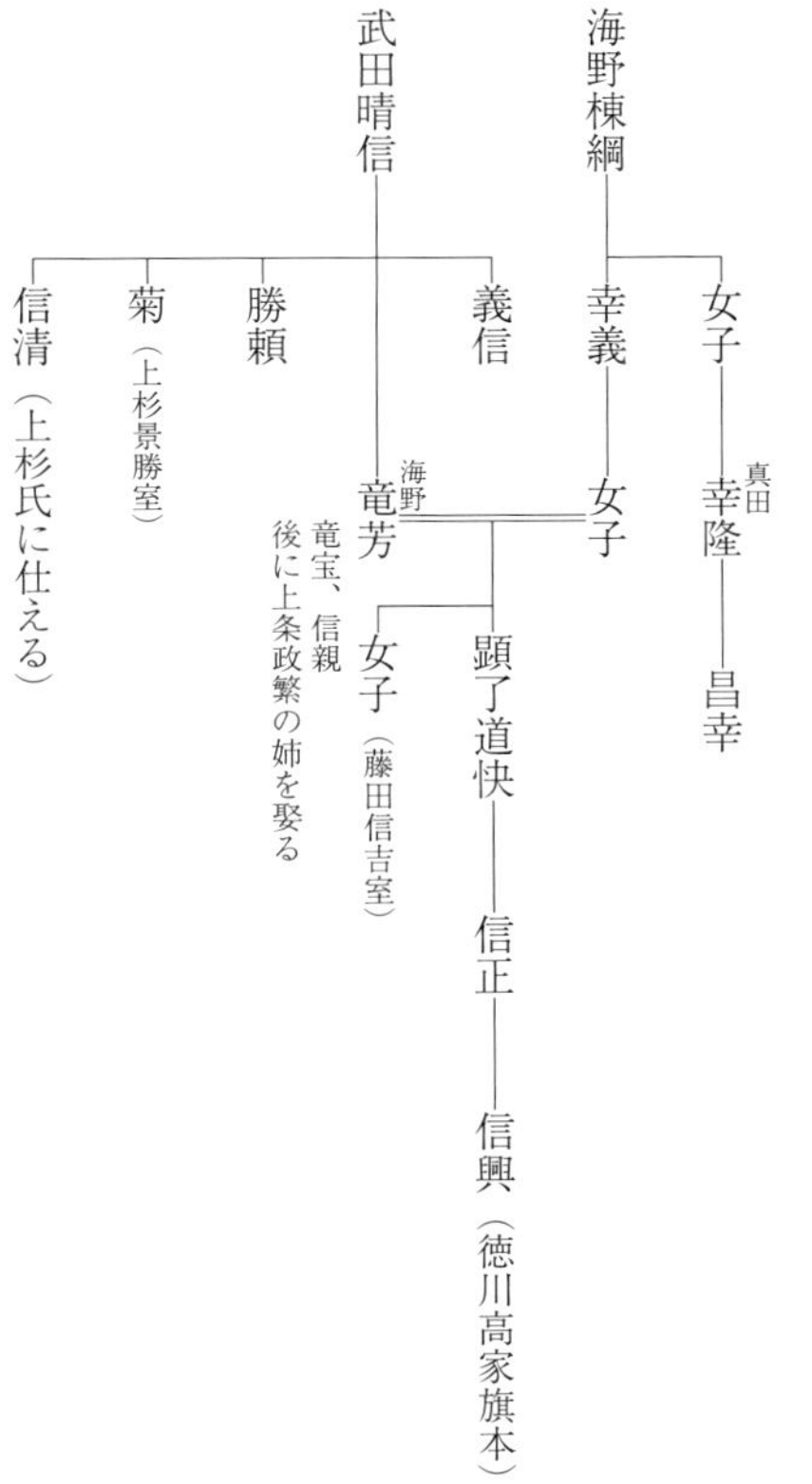

武田氏・海野氏・真田氏略系図　黒田基樹「武田氏系図」『新編武田信玄のすべて』、『真田三代軍記』ほかから作成

えた。城地はかつて沼田氏開基の金剛院《こんごういん》という寺院があったところで、信吉が金剛院を宇礼野《うれの》へ移し、その場所に築城したという（「管窺武鑑」「藩翰譜」「三百諸侯」）。ちなみに、金剛院はさらに元和二年（一六一六）に現在地の沼田市坊新田町に移転している（『群馬県の地名』）。

それればかりでなく、同八年内に勝頼は信玄の二男つまり勝頼の兄にあたる海野竜宝《りゅうほう》（竜芳、信親）の娘を自分の養女とし、信吉に娶らせた（「管窺武鑑」）。これにより、信吉は海野竜宝の娘を介して武田・真田氏とも縁戚関係となったのである（武田氏・海野氏・真田氏略系図参照）。

信玄公二番目の御息、龍宝とて盲目にて御座候を、信州海野跡を仰付けられ、陣代奥野若狭守仕るなり。此龍宝の息女、勝頼の姪なるを、藤田能登守に下され、勝頼公の婿分になさるべしとの仰出されあり

（「管窺武鑑」『越後史集』ほか）

かなりの優遇である。信吉はこの妻を沼須城に住まわせ、自身は城代として沼田城に在城したという。海野氏の本領なる小県《ちいさがた》郡海野（長野県東御市）に信吉の子孫と称する藤田姓の家があり、現在、長野県上田市に移っている。これは竜宝の娘が信吉に与えられたとする「管窺武鑑」の説を裏書きしているのではないだろうか。勝頼がこのように信吉を尊重したのは、北条一門の勇将であり、とくに武蔵に根拠をもつので関東経略に重く用いるつもりだったのであろう。

沼田周辺要図

沼田景義と激突

勝頼は初め、沼田領支配を「守護代藤田・海野両人也」（「加沢記」）と、信吉と海野輝幸《てるゆき》の二人に任せたようだ。この両名は同じ「能登守」を名乗っていた。そこで信吉は混乱を避けるため「豊後守」に改めたという（「長国寺殿御事蹟稿」）。

古今沼田記　去ル程ニ海野能登守ハ元来奢《オゴリ》強キ者ナレバ、幕下ノ者ヘ対シ、次第ニ我ガマ、ナリケレバ、先ノ城代藤田豊後守〔綱徳按ずるに、能

平八郎石　群馬県沼田市

登守、今の城代と同名なる故、改めたるなるべし」ヲ初メ疎ンジ、果ハ北条ヲヤ頼マン、又ハ恥シケレ共越後ヲヤ頼マンカト各々相談シケレバ、（略）

（「長国寺殿御事蹟稿」『真田史料集』。傍線は著者）

天正九年（一五八一）二月、会津に逃れていた沼田景義が勢多郡金山城（群馬県太田市）の由良国繁《くにしげ》を頼って上州に戻り、女淵《おなぶち》城（前橋市）に入った。三月一日には沼田城奪還の兵を挙げた。大胡《おおご》氏・那波氏らの援軍を従え、三日に和久見《わくみ》（群馬県沼田市）、四日には南越生《おごせ》（同昭和村）に布陣した（「沼田根元記」ほか）。これに津久井・和田・発知氏をはじめとする沼田旧臣らが馳せ参じ、総勢三千余となった。驚いた藤田信吉・海野輝幸は、昌幸に報じると共に迎撃に向かった。三月十一日、藤田・海野ら城方は片品川を渡った景義勢と田北《たきた》の原で激突した。城方には沼田旧臣もいて戦意が乏しく、景義勢の勢いにも圧倒されて城方は敗退、信吉らは城に退き籠城した。景義は薄根《うすね》川を渡り、高王山《たかおざん》城（高尾山城。群馬県沼田市）の要害に兵を進めて戸神《とかみ》に布陣した。

信吉らの報せを受けた昌幸は、急きょ甲府を発って岩櫃城（同東吾妻町）に着いた。岩櫃城で情勢をうかがっていた昌幸は一計を案じ、沼田城の金子泰清《やすきよ》に勝頼の証文を渡して大幅な加増を約束し、景義を知略によって討ち取れという指示をした。金子泰清は、もと沼田城主・沼田顕泰の愛妾の兄（景義の伯父）という縁で沼田氏に仕え、権謀術数に秀でた人物であった。

そこで、泰清は開城して城を明け渡すと騙して、景義を沼田城外町田の観音堂におびき寄せた。騙されているとは知らず、景義は観音堂で甲冑を脱ぎ、三月十五日（一説に十四日）、金子の先導で沼田城水手曲輪から城中に入ったところで謀殺された。伯父が甥を殺したのである。ここに沼田氏は亡んだ。沼田城の城内に昌幸が景義の首実検をした時、その首を乗せたという「平八郎石」が残る。また、景義の墓は沼田市町田町の沼田神社裏にある。

勝頼、沼田支配の権限を真田昌幸に与える

こうして、沼田景義の争乱は真田昌幸が出張ったことで鎮まった。そこで勝頼は、沼田領の支配を藤田信吉・海野輝幸の二人ではなく、昌幸に委ねることにした。天正九年（一五八一）六月七日、勝頼は昌幸に沼田領支配の条目を渡し、沼田の支配の権限を与えた（「真田文書」）。この条目で、「藤田《（信吉）》・可遊斎《（小川）》・渡辺《（左近允）》居住地事」と、勝頼は藤田信吉らに対し特別の配慮をしている。同日、勝頼は信吉に変わったことがあったら連絡すること、「委細真田口上あるべく候」と、今後真田の指示に従うよう命じた（「長国寺殿御事蹟稿」）。

【武田勝頼書状】

真田安房守帰城候間、染一筆候、近日者関東中無珍《めずらしき》儀《ぎ》候哉、有相替《あいかわる》説者、注進尤候、仍而弓十張遣之候、委細可有真田口上候、恐々謹言、

六月七日　　勝頼

藤田能登守殿

（「長国寺殿御事蹟稿」『真田史料集』）

信吉としては不満もあったろうが、立場は沼田城代のままで真田の寄騎に位置づけられたのである。この点、信吉は同じ沼田城代という立場でも、北条氏時代と武田氏時代で大きく異なる点であろう。それでも多くの知行を得た信吉は満足していたようだ。高禄を得た信吉は、家臣の塚本舎人助《とねりすけ》に対して古語父《こごぶ》（群馬県沼田市）の内に、木内甚五左衛門に発知（同）の内に、七五三木《しめぎ》佐渡守に原地（同）の内にそれぞれ知行を与え、その労をねぎらっている（「加沢記」「沼田根元記」）。

一方、沼田地方で多くの知行が信吉に与えられてしまったため、真田昌幸はこれより以前に帰順した諸氏に、かねて約束しておいた知行を与えることができず当惑したようだ。昌幸は須田新左衛門に、沼田本意のうえはやろうと言っておいた土地の大部分が信吉に与えられてしまったので、堪忍分（当座の知行）として南雲《なぐも》（群馬県渋川市）の内と信州積もり二十貫文の地を宛がい、武蔵・上野本意の上は相当に宛がうと約束している（「長国寺殿御事蹟稿」）。

【真田昌幸宛行状案】

先年不動山を乗とり、剰へ川西へ退かれ候の条、忠節比類なく候。然れども倉内本意の上は、望の地相渡すべく候と雖も、沼田（上野）の過半は藤田能登守（信吉）忠勤により下し置かれ候の条、是非なく候。武・上御本意の上は、一所申し成し出し置くべく候。先づ勘忍分として、南雲（上野）の内に於いて、信州積二十貫文の所出し置き候ものなり。仍って件の如し。

天正九年〔辛巳〕　（真田）

七月十日　昌幸御朱印

須田新左衛門尉殿

（「長国寺殿御事蹟稿」『信濃史料』15）

【真田昌幸朱印状案】

石田主計佐

同　平左衛門

平原惣左衛門

狩野玄蕃允

須田新次郎

同　与右衛門

同　文次郎
同　甚丞
狩野主水佐
棟木藤右衛門
新木主税佐

須田新左衛門・狩野左近忠勤を励むの砌、同意、川西へ退かるるの条、忠節比類なく候。然れども倉内御本意の上は、一所相渡すべく候と雖も、藤田能登守方忠信により、沼田過半下し置かれ候の条、料簡なく候。いか様武・上御本意の上は、必ず一所申し成し出し置くべく候。先づ屋敷分として、右十一人信州積五十五貫文の所出し置き候のものなり。仍って件の如し。

天正九年〔辛巳〕
七月十日　　昌幸御朱印

（「長国寺殿御事蹟稿」『信濃史料』15）

信吉らが海野輝幸を討つ

沼田城将は城代の藤田信吉と海野輝幸・金子・西山の三人であるが、海野輝幸は奢り強き性格であったことから城将たちと折り合いが悪く、藤田信吉にも疎まれるようになった。海野輝幸は、武田氏に忠節を尽くしているにもかかわらず恩賞が少ない、抜擢もされないことに不満を抱き、兄・幸光《ゆきみつ》と語らい小田原北条氏に内通した。この情報に、真田昌幸は海野兄弟の誅殺に踏み切った。

天正九年（一五八一）十一月二十一日、まず、昌幸は幸光を岩櫃城（群馬県吾妻町）に攻めて殺害し、海野輝幸・幸貞《ゆきさだ》父子を成敗しようとしたが、海野父子はこれを察知して城を脱出し、迦葉山弥勒寺《かしょうざんみろくじ》（同沼田市）に退き、北条氏への内通は冤罪だと申し開きをしようとした。しかし、真田勢に追いつかれ、二十三日、女坂《おなさか》（阿難坂、同沼田市）で嫡子・幸貞ら一族もろとも滅亡したという（『真田三代』）。この海野輝幸を攻めたのは昌幸の弟・信尹《のぶただ》と藤田信吉・金子美濃守であった。結局、多勢に無勢で海野輝幸父子は「兵の交り面白の今の気色や」といって、謡曲〝羅生門〟の一節を謡いながら刺し違えて死んだという（「加沢記」）。

海野塚　群馬県沼田市

真田昌君（信尹）、藤田信吉、恩田越前、下沼田道康、発知刑部少輔、同図書、山名主水、金子美濃守を始め二千余人、城を払て打て出ければ中務太輔に□□□さゝゑて寄来る敵を待かけたり、昌君、信吉一手に成て二千余人、をめいてかゝりければ海野にっこと打笑い、あらことことしや五十人に足らぬ敵に、多勢以て来り玉ふはついえやならむ也、吾と佐藤控へければ、千二千の人数にては面白し、少々人数を残し置りとゆい捨て、大長刀を水車に廻し掛り玉いければ、佐藤は八角の棒のすしかね渡したるを常の人は二人にて持けるを真向（カ）に振てかゝれやかゝれやとをめひてかゝりければ、千余人一度にどっと引立て、あたこ山にそ引退く

（「加沢記」『沼田市史』資料編1）

海野輝幸の遺骸が埋められた場所には石祠が建てられ、その石祠のあったところに昭和二年（一九二七）七月、岡谷の人によって「海里霊慎」と刻印された墓碑が建てられた。これが「海野塚」である。

海野幸貞の妻は安中勘解由に付き添われて下沼田の長広寺《ちょうこうじ》に逃れ、西山市之丞を頼みにしていたが、里人の訴えで藤田信吉がこれを生け捕り、その子ら（女子二人・男子一人）と共に沼田城本丸の蔵に押し込めておいた。海野幸貞の妻は、真田昌幸の重臣・矢沢頼綱の娘だったため助命され、頼綱に預けとなり信州へ送られた。後に女子二人は成長し、長女は原隼人正の長男・監物の妻となり、次女は根津志摩守の室となった。男子は太郎と称しわずか八歳であったが、成長の後、原郷右衛門尉と名乗り、大坂の陣のときに真田信吉に従って天王寺口の戦いで戦死している（「加沢記」）。

第四章　上杉景勝に仕える

本能寺の変、沼田城の奪取ならず

天正十年（一五八二）三月十一日、武田勝頼は織田信長に攻められ亡《ほろ》んだ。同日、信吉の舅・海野竜宝（信親）は甲斐の入明寺《にゅめい》（甲府市）に匿われていたが、勝頼の敗死を聞くと自刃して果てたという。四十二歳であった。法名は「長元院殿釈潭竜芳大居士《ちょうげんいんでんしゃくたんりゅうほうだいこじ》」という。

織田信長は滝川一益《かずます》を関東管領とし、上野国一国と信濃国小県郡《ちいさがた》を与えた。一益は厩橋城《まやばし》（前橋市）を居城とした。信長は帰属を申し入れていた真田昌幸を赦し、昌幸を滝川一益の麾下に配置した。このとき昌幸は、沼田城と岩櫃《いわびつ》城などを滝川一益に明け渡した。そこで、一益は沼田城に甥・滝川儀太夫益重《ますしげ》を置いた。藤田信吉らはそのまま滝川益重の配下となり、信吉は沼須城に退いたようだ。昌幸は新たな主君・信長に黒葦毛の馬を贈り、臣下の礼を取った。信長はこれを喜び、四月八日付で昌幸に礼状を送っている。こうして昌幸・信吉は、織田家臣として再出発することとなった。

なお、信吉は滝川一益に仕えず、越後へ去ったとする異説がある。

其頃沼田の城は甲州乱に依て北条殿へ被押領、藤田信吉も越後へ浪しけれは、沼田の城へは一益の甥滝川儀太夫を城代に被居ける」（「加沢記」『沼田市史』資料編1）

ところが六月二日、本能寺の変で織田信長が亡んだ。このため、滝川一益は本国伊勢（三重県）へ引きあげることにした。まず、厩橋に付近の土豪たちを召集してこのたびの事変を発表し、上方行の援助を求め、厩橋は元の城主・北条高広《きたじょうたかひろ》に返し、沼田は同様に真田昌幸に返すなど、それぞれ跡仕《あとし》末《まつ》の方針を明らかにした。その沈着な態度に上州武士は好感をもった。しかし、沼田城を昌幸に返すということについては、この混乱に乗じ独立を考えていた藤田信吉が「この城はもともと私が城代としていた城だから私にお返し願いたい」と異議をとなえた。信長が亡んだと聞けば、小田原の北条氏政が上州に進出して来る、北条氏に謀反した信吉としては沼田城に籠城のうえ、上杉の援軍を待とうと考えていたようだ（「藩翰譜」）。

厩橋城跡の土塁　前橋市

ところが、城代の滝川益重はこれをしりぞけ、「以前のことはわれらの関するところでない、この城は真田から受け取ったのだから真田に返すのが当然だ」と言って真田の将・矢沢綱頼に城を引き渡した（「管窺武鑑」ほか）。このため憤慨した藤田信吉は城を脱出し、募って集めた五千の兵（一説に長尾伊賀守を通じ派遣された上杉の援軍五千）で六月十二日頃に沼田城へ攻め寄せ、城の一角である水曲輪を占拠した（「管窺武鑑」「藩翰譜」「三百諸侯」）。だが、滝川益重の激しい反撃にあう。さらに、これより前、益重からの報せを受けた厩橋城の滝川一益に、滝川豊前守と由良《ゆら》国《くに》繁《しげ》・小幡信真《おばたのぶざね》ら二万余を援軍として派遣した。この城方の援軍は荒牧から末野の台を経、長井坂を越え、一夜のうちに七里の道を急行して六月十三日夜には片品川に着いたが、対岸に多くの篝火を見て藤田軍の大軍の備えがあると判断し、進軍が止まった。

しかし、これは同夜事前に、信吉が敵方の片品川の徒渉《としょう》地点を予想し、多くの案山子《かかし》を立てさせ、火縄をつけて大軍の備えがあるかのように見せていたのである。「案に相違して前後の敵と戦はん事叶ひ難く」（「藩翰譜」）、信吉は雨に乗じて城を抜け撤退した。この退却を知った城兵が城を出て追撃してきたが、信吉は万全の備えで待ち構え、城兵を撃退し二百余を討ち取ったという。信吉は一応、薄根《うすね》川の北岸に布陣して敵の追撃に備えたが、城兵が追撃して来ないのを見て一気に鹿摩《しかま》川を渡り発知谷《ほっちだに》（群馬県沼田市）に退いた。信吉の、沼田で自立するという企ては叶わず断念する。そしてここで兵を分散させ、自身は八十三騎を従えて清水峠越えで越後に入り、直路《じきろ》城（志水城・清水城。新潟県塩沢町）の長尾伊賀守の元に走った。

六月十四日、滝川益重は真田昌幸に沼田城を渡し厩橋城へ戻った。

信吉が頼ってきたことを知った上杉景勝は、当座の賞として米千俵・黄金百両・上馬三匹・衣服そのほかの品々を与え、信吉についてきた八十三騎の者へも御合力米などを与えたという（「管窺武鑑」）。

その頃、景勝は織田信長亡きあとの無政府状態の信州に軍を進め、六月十八日には長沼城（長野市）に入り、川中島四郡（長野県）の平定に注力していた。信吉は景勝に拝謁しようと春日山に向かったが、そこで景勝の留守を知り長沼城に赴いた。「管窺武鑑」第四巻に「藤田能登守、長沼にて御礼申され、直ちに御供、丸山（鞍掛山か）の御旗本に居られ候」とある。信吉は長沼城で景勝に拝謁して礼を述べ、出陣の御供を許され、そして景勝の旗本に加わって川中島四郡平定戦に参加している。

一方、滝川一益は六月十九日、北条氏と神流川で戦ったが敗れ、本国伊勢（三重県）へ敗走した。

神流川古戦場跡の石碑　群馬県高崎市

この合戦で多野郡浄法寺三ツ山城（群馬県藤岡市）主・長井政《まさ》実《ざね》が戦死した。政実の室は信吉の伯母である。長井一族はその後も北条氏に抵抗したため、北条氏は三ツ山城を攻め落とすとこれを破壊している。政実の嫡子・信実（「管窺武鑑」では政実の弟）は、親類筋の藤田信吉を頼って天正十三年（一五八五）六月、越後へ走ったという（『北武蔵・西上州の秘史』）。

上杉景勝と北条氏直が対峙

六月二十二日、上杉景勝は川中島四郡の諸士より人質をとって、翌二十三日には海津《かいづ》城（のちの松代城。長野市）に入って川中島四郡を掌握した。

織田信長亡きあとの無政府状態の信州に軍を進めたのは、上杉景勝だけではない。六月二十八日、小田原の北条氏直（氏政

上杉景勝画像　米沢市上杉博物館蔵

の子）も関東の諸将四万五千を動員し、氏照・氏邦を先陣として信州に向かった。七月、小諸《こもろ》城（長野県小諸市）を占拠すると信濃諸士の帰服を促した。佐久郡の諸将はこれに応じ、小県郡でも真田昌幸・室賀・小泉・祢津らも恭順を表した。海津城将の一人高坂昌貞（一に、春日信達）が北条氏に内応してきた。北条軍が川中島方面まで出撃すれば、高坂が海津城に火を付けるというものであった。

これにより、一挙に川中島四郡を手中に入れようと北条軍は七月十二日、小県郡海野平に進み、川中島進撃の軍容を整えた。ところが、高坂が北条方に通じたことが露見し、十三日城内で成敗された（「景勝一代略記」）。北条軍四万余の大軍は八幡表（八幡原あたり）に陣を布き、先方は真田・室賀・祢津らであった。景勝は八千を率い、清野の鞍掛山に布陣した。海津城頭はまさに大合戦が始まるかにみえたが、どちらも仕掛けない。「北条ノ陣所近ク高札ヲ建テ、高坂夫妻及ビ三歳ノ娘ガ首ヲ置テ帰ル」（「武徳編年集成」）と、城兵は城頭に反逆人高坂の首をさらして敵を嘲ったただけで静まりかえっていた。「管窺武鑑」によれば、対陣中に七十度の小競り合いがあったという。このとき「丸山（鞍掛山か）の御旗本に居られ候」と、藤田信吉は景勝の陣中にあったというが、その活躍の記録は残念ながら伝わっていない。

七月十九日、北条軍は急に陣を払って引き始めた（『上杉家記』）。東海の徳川家康が甲斐に出兵し、さらに信州へ向かうという情報が入ったからである。後退する北条軍を上杉軍は追撃することはなかったとも（『真田三代録』）、一説に、退却する北条軍を追撃し岩井堂烽火台山付近（長野県坂城町）で戦いがあったともいう（『上山田町史』）。こうして、川中島四郡の支配者は上杉景勝と確定した。

放生橋の戦いで活躍

上杉景勝に身を寄せた藤田信吉に、戦功をあげる良き機会がすぐに訪れた。放生橋《ほうしょうばし》の戦い（法正橋。新潟県新発田市）である。信吉が越後へ逃れた当時、景勝は越後国内の新発田《しばた》重家《しげいえ》の内乱に悩まされていた。御館《おたて》の乱（上杉謙信没後、その跡目を景勝・景虎が争った戦い）での処遇への不満から、重家は新発田城（同新発田市）に籠もり反乱を起こしていた。天正十年（一五八二）九月二日、景勝は新発田城攻めのため新発田・五十公野《いじみの》（同新発田市）・池之端《いけのはた》（同前）三城の中間の小坂に陣をとり、敵の三城の連絡を絶ち、新発田城の堀際まで迫った。

しかし、滞陣一ヶ月、敵は堅城に立て籠もって動かず、そのうちに遠征の景勝の兵粮が欠乏を告げてきた。また前年以来、出兵が重なっていたこともあり、九月晦日に帰陣して兵を休めることにした。

十月二日夜、景勝は陣を焼いて帰府の途についた。折から北西風が強く、雷雨が猛然と襲来した。景勝退陣と知った新発田重家は、池之端城将・高橋掃部之助らと二手に分かれて追撃し、景勝軍に迫った。一方は山、一方は深田、その間を通ずる細道、濁流にかけられた狭い放生橋、景勝軍は大混乱に陥った。重家は鋭く攻撃し、景勝の殿《しんがり》軍の将・水原満家《すいばらみついえ》（杉原左近将監）を討ち捕った。

夜が明け、景勝の身も危くなり、自ら片鎌槍をとって戦おうとした。これを制し、この窮地を救った将の一人が藤田信吉であった。信吉は景勝をとどめて、「首八十六切って参らす」（「藩翰譜」）と奮戦し防戦に努めた。そこに上条《じょうじょう》政繁《まさしげ》が間道から側面攻撃を加えたことで新発田勢を撃退し、ようやく景勝は十月四日に篠岡《ささおか》（同阿賀野市）まで逃れることができた。この戦いを放生橋の戦いといい、景勝一生の最大の危難であったという。

越後長島城主となる

放生橋の戦いの信吉の働きに大いに感激した景勝は、その戦功を賞し、十二月、信吉に吉江《よしえ》一跡《いっせき》を与え、上杉家の重臣に加えるという大抜擢をした（「藩翰譜」「管窺武鑑」）。

吉江一族は、本家の吉江城（吉江館。新潟市南区）主の宗信《むねのぶ》・景資《かげすけ》・長景《ながかげ》の三代と、分家で越後長島城（同前）主の喜四郎信景《のぶかげ》（資堅《すけかた》）ら現役の武将たちの大半が、天正十年六月の織田軍との越中魚津城（富山県魚津市）攻防戦で自刃していた。信景は近江出身で、謙信に見出されてその旗本に列し、吉江家の分家・信清《のぶきよ》（宗信の弟）の遺跡を継ぎ、「天正三年の軍役帳」（「上杉家文書」）では本家以上の軍役を務め、天正六年の御館の乱では景勝方として軍功をたてた。同九年より越中魚津城の守備についている。

残された吉江一族の遺児は、本家の長忠《ながただ》（十七歳）、分家喜四郎家では長満丸《ちょうまんまる》（四歳）であった。これでは敵・新発田重家の最前線に位置する吉江領の守備と新発田への押さえが覚束ない。そこで景勝は「父領知ハ公収、別所ニテ領知ヲ増加シ玉フ」（「上杉家御家中諸士系譜」長忠譜文）とあるように、長忠を加増のうえほかの地へ移封し、吉江本家遺領を公収した。さらに分家喜四郎の遺児・長満丸には十四歳に成長した段階で別途、所領を与えるという約束でこれまた遺領を公収した。公収された吉江本家・分家の遺領は、すべて信吉に与えられたと思われる。また、御館の乱で上杉家の家臣団が半減し、上杉家内に人材が欠乏していた点も、上州浪人であった信吉の抜擢された一因であろう。

このとき、景勝は信吉に喜四郎未亡人（益木《ますき》氏）と縁組みさせ、喜四郎の遺児二人（長満丸と姉娘一人）を引き取って養うことを命じた。信吉は吉江一跡を与えられると、吉江城ではなく分家の長島城に入ったという。これは喜四郎の遺児・長満丸の養育のためで、「藤田手前にて養育故、藤田は、吉江長満軍代の如し」（「管窺武鑑」）とある。吉江氏は吉江城を本拠とし、「当地にある長島城を支砦に持ち」（『日本城郭全集』6）とある。

十月二十七日、吉江未亡人との婚礼が済み、長島城主となった信吉は、水越将監ら旧吉江家臣団を藤田家臣として組み入れ、二百五十騎、寄騎《よりき》の侍五十人、都合三百騎の大将となり、閏十二月一日、「喜四郎役儀の通り七手組の頭、剰、先手を藤田に仰付けら」(「管窺武鑑」)れた。「藩翰譜」(傍線は著者)は次のように記す。

同(天正十年)十月廿七日、新発田の城の戦に、首八十六切つて参らす。景勝、大きに感じ、此の年十二月、長島の城を賜はり、藤田が手の者二百五十騎、寄騎の侍五十人、都合三百騎の大将に成れてけり

武田勝頼は信吉を真田の寄騎として処遇したが、景勝は新参者の信吉を上杉軍団の一翼「都合三百騎の大将」、しかも名誉ある先陣に大抜擢したのだ。この処遇は信吉を感激させるに十分であったろう。景勝が信吉を重用したのは、信吉の武勇・智謀もさることながら、信吉の妻(正室)が海野竜宝の娘であったことも無縁ではないと思われる。竜宝の妹・菊姫は景勝の正室であり、弟・信清も武田勝頼滅亡後、上杉家に引き取られている。また、景勝の重臣・上条政繁の姉(畠山氏)は竜宝に嫁していた。すなわち、信吉は上杉家とは縁戚関係で、その関係も無視できなかったということだろう。

吉江未亡人と信吉の縁組みは、長満丸の成長までの一時的なものであったのか、「管窺武鑑」に「喜四郎信景が後室、後まで存生、藤田能登守にも離れて」とあり、長満丸の成長後に吉江未亡人と信吉とは別れたようにみえる。今後の検討を待ちたい。これ以降、信吉はこの景勝の恩に報いるため、越後国内統一戦などに大車輪の活躍をするのである。また、信吉の妻・吉江未亡人は、吉江家再興を願っ

ていた。

夏目長四郎定景が母は吉江喜四郎信景が娘にて、舎人助定吉が先妻なり。吉江喜四郎は、上杉謙信公御家にて、越後長島城を預けられ、武功の侍大将なり。天正十年六月三日、越中魚津の城にて討死仕る。此後室を、景勝公より、藤田能登守に縁組仰付けられ、吉江へ跡を給はるなり。此後室は、越中先方武功の士大将、益木中務少輔が娘なるを、謙信公、越中を御手に入れらるゝ時、中務の娘を御貰ひなされ、吉江喜四郎に妻はさる。喜四郎が嫡子を吉江長満といふ。天正七年の生なり。喜四郎死に候時は、四歳なり。後家を、藤田に再嫁仰付けらるゝ故、長満十五歳迄、藤田、守立て候へとの儀にて、藤田手前にて養育故、藤田は、吉江長満軍代の如し。然る所、天正廿年は、文禄元年景勝公、高麗陣に御発向、御帰陣測り難しとて、頚城郡の内にて、藤田知行の外、喜四郎信景跡目程相違なく、吉江長満に宛行はる。其時長満、十四歳なり。景勝公仰付けられ、長満を改め父が名喜四郎になされ、勝の御字を下され、吉江喜四郎勝信と名乗り候。十九歳の時、慶長二年、山城伏見にて病死故、吉江の家断絶なり。此勝信姉を、夏目舎人助定吉妻に仕り候へと、景勝公より藤田能登守に仰せられて、此前の如し。喜四郎信景が後室、後まで存生、藤田能登守にも離れて、舎人助に申さるゝは、吉江の家絶果て、娘の孫は長四郎一人なり。吉江を名乗らせ給ひ候へとの儀にて、吉江の紋三頭の左巴、宇都宮弥三郎朝綱よりの家伝にて斯くの如し。附此長四郎、後に藤左衛門尉と号す。水戸頼房卿の下に蟄居し、寛永十九年壬午二月十四日、四十四歳にて卒す。其子・吉江左衛門尉信定、今に相変らず罷在るなり。舎人助先妻の女、〔吉江長四郎の妹〕用土彦兵衛尉信次に嫁す。此彦兵衛、父は越中の侍益木薩摩守子、柳瀬弥八郎といふ、彦兵衛母は、藤田能登守の兄・用土新左衛門信連の娘にて、藤田姪なり。藤田妻は、益木薩摩守の妹にて、柳瀬弥八郎は、藤田妻の甥なる故、藤田、呼取りて我が姪の信連娘と一所に致し、景勝公より領知を給はり、藤田手前に差置き候。此弥八郎の子、母の苗氏を名乗り、用土彦兵衛といひ、土井遠江守利隆の所に罷在り、其子・用土佐治右衛門信〔脱字アルカ〕に至るなり

（「管窺武鑑」『越後史集』地）

厩橋城主北条高広のこと

ところで、上野国厩橋城（前橋市）の北条高広（輔広《すけひろ》）はもともと上杉氏の家臣であった。高広は御館の乱では景虎方として景勝に敵対し、小田原北条氏、その後は武田勝頼に仕えた。天正十年（一五八二）に武田氏が亡んで織田信長も亡びると、厩橋・大胡両城を拠点として勢力的に上野国内に版図拡大を目論んだ。これを敵対行為として、北条氏直は翌十一年正月中旬に厩橋城を攻めたが、攻略できず撤退した。高広は、叔父・能登守吉広の勧めもあって上杉家への帰参を決意した。そこで二月十九日、上条宜順《ぎじゅん》政繁に上杉景勝への帰参を願い出て、さらに関東の形勢を報じ、景勝に勧めて関東に出兵することを請うた（「江口正紀氏所蔵文書」）。三月九日、景勝は高広の帰参を認めた（「三

浦大明氏所蔵文書」）。同日、高広は上条政繁に景勝の出馬を再び要請した（「北条元一氏所蔵文書」）。この頃、富山城（富山市）主・佐々成政《さっさなりまさ》と上杉方魚津城（富山県魚津市）の須田満親《すだみつちか》が越中戦線で熾烈な戦いを演じていて、景勝は春日山城を離れることができなかった。そこで、上越国境へ上条政繁と上州方面に詳しい藤田信吉が派遣されたようだ。

三月十四日、景勝は須田満親より越中方面の無事の知らせがあったこと、魚津城は堅固なので安心するようにと伝えると共に、上州方面の様子を細々と報告すること、上州方面は藤田信吉と相談するように政繁に命じている（「景勝公御書」「歴代古案」）。

【上杉景勝書状】

先度以書札申届候キ、参着候哉、然者、其元弥敷儀も候歟、爰元上下無違儀候、越中行可急由存候処、一円舟不調故、先以令滞留候、其以後魚津之義、無替儀堅固之由候、可御心安候、雖無申迄候、藤田（信吉）有談合、其表一通之御稼　簡心候、猶万古重而可申越候、以上、

（天正十一年カ）三月十六日　　景勝御在判

上條（宜順）殿

（「景勝公御書」『上越市史』別編2。傍線は著者。『越佐史料』六、『魚津市史』史料編は天正十一年に所収している）が天正十一年の書状であろう。「景勝公御年譜」は日付を六日としている）

ところで、上杉軍がかつて越山の拠点としていた沼田城（群馬県沼田市）は今や真田方となっていた。

そこで高広は、藤田信吉と図り沼田城の調略を行った。七月、信吉は沼田城へ使者を送って馴染みの諸将を調略しようとした。しかし、沼田城将の矢沢頼綱・金子泰清はこの使者を殺害して調略には応じなかった。成功しなかったものの、こうした働きに対し景勝は、北条高広父子宛に「忠信の現れ」と七月十九日付書状で悦びを伝えている（「坂田邦夫氏所蔵文書」）。

【上杉景勝書状】

尚々、矢澤（頼綱）・金子忠信、是も連々其方稼故与感入候、委曲直江（兼続）可申候、以上。

越山之趣先使ニ申出候キ、一昨十七新潟（新潟市）陣相払、昨三条（三条市）之地着馬候、爰元五、六日人馬休息、其上揚河（阿賀野川）越河、彼表五日中ニ作毛為薙可令入馬候、然間、越山之儀不可経時日候、其内弥東方手合之儀示置肝要候、将亦、自藤田（信吉）所倉内（群馬県沼田市）へ使差遣之処、矢澤・金子令成敗之由、連々忠信之心底露顕、感悦候、今般者便書候間、急度以飛脚無比類候旨、可申越候、謹言、

七月十九日　　景勝（花押）

北條弥五郎殿

同　安芸入道（芳林高広）殿

（「坂田邦夫氏所蔵文書」『上越市史』別編2。傍線は著者）

しかし、九月になって小田原北条氏の上野進出が再開され、十七日に攻撃を受けた厩橋城は翌十八日には落城、北条父子は降伏している。

上杉勢が水原城を攻略

天正十年（一五八二）十月の放生橋の戦いで、北蒲原郡水原《すいばら》城（杉原城。新潟県阿賀野市）主・水原満家《みついえ》が戦死した。そこで景勝は、新たな水原城代として荻田《おぎた》与三左衛門を派遣した。ところが、新発田重家方に内応した水原氏譜代の家老・二平《にへい》（二瓶）源太左衛門が荻田与三左衛門を暗殺し、新発田方へ寝返った（「景勝一代略記」「越後治乱記」）。新発田重家は、細越将監《ほそごえしょうげん》（もと水原満家の家老）を水原城に配置した。この水原城攻略を命ぜられたのが藤田信吉であった。信吉ら上杉勢が水原城を襲ったのは同十二年五月十三日のことである（「伊佐早謙氏所蔵文書」）。細越将監は陣頭に立って敵を切り崩し、信吉の右股を突き貫いたが、やがて寄せ手に囲まれ壮絶な討ち死にを遂げ、水原城は信吉の手に落ちた（「管窺武鑑」）。

高野山へ父母の供養を依頼

上杉謙信は高野山清浄心院（和歌山県高野山町）とつながりを持っていた。清浄心院と上杉氏の関係は景勝以後も続き、景勝は謙信が亡くなると、謙信の廟前における昼夜の勤行と墓所の清掃を依頼し、さらに、命日の三月十三日に追善供養を金堂で行うよう依頼している。天正十二年（一五八四）閏五月、信吉夫妻がこの高野山清浄心院に母・父・自分たちのために月牌《がっぱい》供養を依頼している（「越後国供養帳」）。月牌とは、毎月の死者の忌日《きじつ》に供養してもらうため、回向《えこう》料を添えて寺院に預ける位牌のこと。後述する長野県塩尻市奈良井の長泉寺に伝わる信吉の内室の法名が「玉龍院殿月桂妙心大禅定尼」とあることから、「女中」とあるのは信吉の内室のことであろう。また「逆修《ぎゃくしゅ》」とは、生きている間に自分の死後の冥福を祈ることなので、信吉夫妻が信吉の父母の冥福と自分たちの死後の冥福を祈ったということになるであろう。

藤田能登守為母
月　妙光禅定尼
天正十二壬年五月廿四日

藤田能登守為父
月　天茛禅定門
天正十二季壬五月廿四日

藤田能登守為自身建之

月　道意禅定門　逆修
天正十二季壬五月廿四日
藤田能登守為女中
月　妙心神定尼　逆修
天正十二季壬五月廿四日

（「高野山清浄心院蔵・越後国供養帳」『上越市史研究』9）

前田利家を後援し義父を攻める

天正十二年（一五八四）頃、中央の覇権は羽柴秀吉（豊臣秀吉、一五三六～一五九八）が掌握しつつあったが、秀吉はこれに反発する織田信雄《のぶかつ》（信長の子）・徳川家康（一五四二～一六一六）の連合軍と争っていた（小牧・長久手の戦い）。これに応じ、反秀吉方であった越中富山城（富山市）主・佐々成政は九月九日、秀吉方の前田利家（一五三八～一五九九）の能登末森《すえもり》城（石川県宝達志水町）を攻めたが、同月十一日には末森城奪取をあきらめ、越中に帰国した。

十月二十三日、景勝は秀吉の要請を受け、前田利家を後援するため越中に向けて出馬し、佐々方の境《さかい》城（宮崎城。富山県朝日町）を攻めた。「景勝一代略記」によれば、景勝に従軍した将士は、安田上総介・藤田能登守（信吉）・村山安芸守・須田相模守（満親）・山浦源五・山本寺・河田摂津守・長尾平太・吉江与太郎・斎藤三郎兵衛・柿崎弥二郎・高梨薩摩・本庄豊後・松本左馬・山岸右衛門・竹俣筑後・秋山伊賀・須賀修理ら三千余人であった（「藩翰譜」では「其勢八千人」とある）。この城に籠もったのは丹羽権平のほか、あとから駆けつけた益木《ますき》（真杉）中務・掘与八郎など三百余の兵であった（『日本城郭大系』7）。益木中務は信吉の妻（もと吉江喜四郎の未亡人）の父であった。したがって、信吉は義父を攻めたことになる。益木中務は越中の士で、もと上杉氏に属していたが、天正十年の越中騒乱に老母が佐々成政に奪われたため佐々方に転じていた（「管窺武鑑」）。

上杉勢の先鋒は土肥政繁《とひまさしげ》（もと越中弓庄城主）で、境城に猛攻を加える。五日間にわたって籠城した城兵もついに援軍もなく、六日目の十月二十六日には境城を明け渡した（「近藤誠一郎所蔵文書」）。益木中務は信吉の哀願により助命され、信吉に預けられた（「管窺武鑑」）。

羽柴秀吉が景勝と落水城で会見

天正十三年（一五八五）八月、羽柴秀吉は越中の佐々成政を征伐すると、わずかの兵を率いて落水城《おちりみず》（別名、堕水城、勝山城。新潟県糸魚川市）に現われ、景勝に会見したいと城将・須賀盛能《もりよし》に申し入れた。当惑した盛能はすぐ使者を春日山城（同上越市）へ派遣し、景勝の指示を仰いだ。城将・須賀は秀吉の軍勢が少ないのを侮り、この場で秀吉を討つことを進言した。しかし、景勝は「敵の少ないのに乗じて討ち取ったのでは後世、上杉の名に汚点がつく。武士ならば単身同様で来た秀吉と気持ちよく対面すべき」と答えたという。景勝は直江兼続ら数騎で落水城に入り、秀吉と会見した。しばらくして後、二人は固い握手をかわし、今後の連携を約して別れたということである。このとき、景勝に同行した人物に直江兼続と共に藤田信吉の名も見られる。「上杉三代日記」は次のように記す。

景勝、疎略あるまじき義理を御存じ御出なり。其義理を知らず、討ち申す事は、天下義家の悪名除き難し。御望の如く対面の上、和睦申すか、又は弓矢にて勝負仕るか、変に依るべしとの御意。直江山城守・藤田能登守・泉沢河内守、其外三十五人、堕水へ御出ありて、秀吉公へ御対面ある。

（「上杉三代日記」『上杉史料集』下。傍線は著者）

しかしこの話は、武将・上杉景勝を一世の英雄として脚色した後世の付会であろうとされている（『日本城郭大系』7『直江兼続大事典』）。

川中島に出陣し徳川軍を牽制

天正十年（一五八二）、藤田信吉が上野沼田城（群馬県沼田市）を立ち退いて以来、沼田領は真田昌幸の所領となっていた。昌幸は滝川一益が去った後、北条氏直、徳川家康と主を替えていた。同年に徳川家康と北条氏直とが講和し、旧織田領の上野国は北条領と定めた。そこで、家康は真田昌幸に講和条件である上野沼田領の引き渡しを迫った。相応の替地が示されなかったため、昌幸はこれを拒否した（沼田問題）。そして、同十三年七月、昌幸は徳川からの離反を決め、上杉景勝に出仕した。

これを怒った家康は八月、七千余の大軍に上田城（長野県上田市）の真田攻めを命じた。景勝は海津城（長野市）代・須田満親《みつちか》に命じて昌幸を支援させた。須田満親は川中島四郡の諸将を率いて出陣した。留守で手薄となった川中島に、景勝は藤田信吉ら別働隊を派遣した。徳川方の筑摩郡深志《ふかし》城（長野県松本市）の小笠原貞慶《さだよし》に備えるためで、信吉ら千三百余の別働隊は猿ヶ馬場峠（同千曲市・麻績村）を守った。猿ヶ馬場は筑摩郡から川中島へ出る道の峠で、別働隊の検使は荻田《おぎた》主馬長繁《ながしげ》であった（『管窺武鑑』）。

閏八月、上田城に攻め寄せた徳川軍は、昌幸の巧みな戦術に翻弄されたうえ敗れ、九月下旬には真田領から兵を引いた。十月頃には、信吉ら上杉の援軍も帰国したと思われる。

新発田綱之が守る新潟城を落とす

天正十三年（一五八五）十一月、信吉は新発田重家の叔父・新発田綱之《つなゆき》が守る新潟（新潟市中区）・乗足《のったり》（沼垂《ぬったり》。同）攻めを命ぜられたため、長島城（新潟市南区）に吉岡式部を残し、土井丹波らを率いて出陣した。新潟城は越後を流れる大河・信濃川の最も広い洲にあった島城である。信吉は謀略を廻らしてこれを落とすことにした。

新潟・沼垂の代官に玉木屋大隈・若狭屋常安という者がいた。町人ながら代々弓矢をとり、部下それぞれ二十余騎を有し、いずれも上杉謙信の時代から代官職を命ぜられていた。この両者は信吉と旧縁があったので、信吉は家臣・土井丹波に鈴木四郎兵衛を差し添えて利害を説いて内通させることにしたのだ。同月二十日、信吉は護摩堂城《ごまどう》（新潟県田上町）主・宮島将監と共に新潟城に攻め寄せた。宮島将監は三条・黒滝・天神山の人数を率いての出撃である。これに応じて玉木屋・若狭屋が城中の者を叛かして新発田綱之を討ち取った（「管窺武鑑」「越後野志」「越後古城志」ほか）。

この余勢をかって沼垂へと押し寄せる。守将の武者包利《むしゃかねとし》（「温古之栞」）はただちに手配りをなして防戦したが、玉木屋らに騙された従弟の武者半平はついに逆心して善兵衛を討ち取り、降参する。こうして沼垂も内部の裏切りによって落城したという（『菖蒲城物語』）。

河田実親を敦賀で誅殺

天正十三年（一五八五）九月、羽柴秀吉は豊臣姓を賜って（天正十四年十二月説もあり）豊臣秀吉となり、豊臣政権は磐石なものになりつつあった。そこで、景勝は豊臣秀吉に臣従することを決意し、上洛することにした。同十年五月に当時の中央政権（織田政権）と戦い、その圧倒的軍事力の前に風前の灯火状態になった経験をした景勝は、中央政権と争う不利を悟っていた。むしろ、中央（豊臣）政権を頼ることによって、新発田・信濃・佐渡などの領土問題に決着をつけるのが得策と判断し、同十四年五月二十日、四千余騎を従えて春日山城を発った。初めての上洛である。藤田信吉もこれに従った。

これに対し、悦んだ秀吉は道筋の北陸諸大名に歓待を命じた。二十八日、秀吉の使者である石田三成・前田利家が加賀まで出迎え、同夜は金沢（石川県金沢市）に泊まり、翌二十九日には利家の本城に招かれて歓待された。

六月四日、越前敦賀《つるが》（福井県敦賀市）に止宿したときに事件が起きた。「同日供奉の士河田摂津守旅亭にて斬戮《ざんりく》し玉ふ、何故かその科《とが》を知らず」（「景勝公御年譜」）と、上杉家臣・河田摂津守（軍兵衛）実親《さねちか》が誅殺されたのである。これは、上条政繁と示し合わせて出奔する計画であったが、発覚して捕らえられ斬られたという（渡辺三省『直江兼続とその時代』）。

この討手の大将は藤田信吉であった。河田の被官百四十三人は、信吉が率いる三百八十余と戦って斬死あるいは生け捕られた。藤田方も三十余人が死亡、四、五十人が手傷を負った（「管窺武鑑」）。

扨又河田寄騎三十騎は、河田出仕の後にて、申渡す儀之ありとて、直江が陣所へ呼寄せ、番を付け置く。其外は河田が被官共、河田御成敗前に、仰付け置かれ候故、藤田能登守は、御前に相詰め罷在候定故、藤田士廿五騎、此頃秩父下野守、検使は伊古田彦右衛門・南詰宮薗両人に、近習の心緒仕たがる若者十人相副へられ、外に足軽百人、此頭四人、小頭八人、手明者六十人、此頭三人、藤田七人の相備衆、其主人は御本陣に御能見物に罷出づる故、人数少し宛出す。以上合三百八十余人申付け置き、河田御成敗の節、河田被官共罷在る所へ行向ひ、河田摂津守、不義あるを以て、唯今御成敗なり。下々の者は、是より国へ罷帰るべし。それを如何と存ずる者は、其分別仕れと之を申渡す。河田被官共申す、主を誅せられ、生きて本国へ帰るべきや。諸共に御成敗なされ候へと申して、一所に集まる。是に於て藤田衆押寄せ、敵味方合四百余人立別れ、就中河田衆は、死身になって働く故、一入強く、大形の小攻合ほどの様子なり。河田内五騎の士は、いふに及ばす、歩・若党・小者・中間迄、少しも未練之なく、切死仕り、宮園も、佐治十之衛といふ覚の士一人と、歩者一人とを斬殺し、一人を生捕る。神保五左衛門も、三人斬留め、伊古田彦右衛門も、二人斬殺し、一人生捕る。河田被官上下百四十三人を、一人も残らず斬留め、或は生捕り候。藤田方にも、死人三十余人・手負四五十人之あり候。

（「管窺武鑑」『越後史集』地）

従五位下に叙任される

ともかく、景勝一行は北陸諸大名の歓待を受けながら六月七日に京都へ入り、六条本国寺に宿泊した。十二日、大坂城（大阪市中央区）で秀吉に謁見し、白銀五百枚・越後上布三百反・馬五十疋を献上した。「供奉ノ諸士ニ至テハ、白州へ召テ酒ヲ賜フ」（「上杉家御年譜」二）とあり、供の者は白州に召されて酒を賜った。「同十六日ニハ兼テ秀吉ノ仰セナレハ、未明ニ登城有テ御囲ニ於テ御茶アリ。其飾リ等皆以テ海内ノ奇宝ナリ。直江山城守・千坂対馬守モ御席ヲ拝覧有テ千宗易御茶ヲ賜フ」（「上杉家御年譜」二）とあり、十六日には、特に景勝の家臣直江兼続らが招かれ、千利休の御茶を振る舞われた。当然、この場に藤田信吉もいたであろう。十八日、景勝は大坂を発って京都に入り、二十二日に参内して従四位下・左近衛権少将に叙任され、信吉は従五位下能登守に叙任された（「系図纂要」「管窺武鑑」）。七月六日、景勝一行は春日山城に帰った。この上洛を通じ、上杉家の領国が確定したのである。

新発田重家攻めに従軍

これで、景勝は秀吉の後ろ盾を得て安心して新発田重家攻めができた。帰国した景勝は、天正十四年（一五八六）八月九日、新発田城（新潟県新発田市）の新発田重家を攻めるため春日山城を出発した。八月十八日に出雲崎《いずもざき》（同出雲崎町）に着き、その後、新発田領の赤野川笹堀（同五泉市）に張陣した。「覚上公御代御書集」に、「先陣河田伊豆入道憲親・高梨薩摩守頼親（略）、御跡備藤田能登守信吉・島津左京進義忠・岩井備中守信能・栗田永寿斎国時、二陣柿崎弥次郎憲家・須田右衛門大夫満義・市川治部少輔房幸（略）」とあり、藤田信吉が従軍していることがわかる。

景勝は、八月二十六日には新発田重家の与党五十公野《いじみの》城（同新発田市）下を放火するなどの行動を起こしたが、徹底的な打撃を与えるまでには至らなかった。新発田重家の徹底抗戦は翌十五年（一五八七）十月まで続く。同十五年八月、景勝は再び大軍を率いて新発田へ向かった。八月二十三日には、信吉らが今泉《いまいずみ》城（同新発田市下中）を乗っ取った（『姓氏家系大辞典』）。さらに、信吉は島津左近と共に、新発田支援のため出撃してきた小田切盛昭《もりあき》ら芦名勢を伏兵をもって敗り、討ち取った頸二百余、生け捕り五十九人という活躍をみせた（「名将言行録」）。

上杉勢は九月七日に加地城（同新発田市）、十四日には小田切盛昭の赤谷城《あかたに》（同）を攻略し、続いて五十公野城《いじみの》に迫った。藤田信吉は、五十公野城（城主、五十公野道寿〈如〉斎信宗）攻めの大手口を担当し、相備は信州衆栗田・清野・市川・岩井・真田軍代矢沢、越後衆は色部・黒川らであった。「真武内伝」（『真田史料集』）に、

源次郎信繁〔後左衛門佐幸村ト号ス〕越州春日山へ相詰メラル。之ニ依ツテ景勝恩賞トシテ矢代左衛門ガ田地三千貫ノ内千貫ヲ信繁ニ賜ル。信繁年若ニ付、矢沢三十郎軍代トシ、（略）春日山へ勤仕シケル。其頃、景勝ノ家臣新発田因幡守治長ト云フ者、傍輩ノ井地峯道寿斎ト心ヲ合セ、叛逆ヲ企テ、新発田城ニ楯籠ル。天正十四年九月、景勝発向アル。先手ハ藤田能登守信吉。此合備ニ矢沢三十郎、信繁ノ軍代トシテ、上田勢ヲ引率ス。先赤谷城ヲ攻落ス。

とある。「真田軍代 矢沢」とあるのは、真田昌幸が上杉に出仕するにあたって差し出した人質の弁丸（真田信繁〈幸村〉）に対し、景勝は屋代一千貫の所領を与えて軍役を課し、この弁丸の軍代が矢沢綱頼《つなより》の嫡男・三十郎頼幸《よりゆき》であった。この頼幸のことである。

十月二十四日、五十公野道寿斎は上杉方に内応した河瀬次太夫や羽黒権太夫・渋谷八郎左衛門らに討ち取られ、五十公野城は落城した。上杉勢は、その日のうちに新発田城を包囲した。城の南の小坂

に景勝の本陣、その前備えとして大手門に直江兼続、城東の二の丸には佐野清左衛門ら、その南東の三の丸には岩井《いわい》信能《のぶよし》ら信濃勢、城の南西に甘糟《あまかす》景継《かげつぐ》・斎藤朝信《とものぶ》ら、城西の猿橋砦には藤田信吉ら、城の北側に本庄繁長・色部《いろべ》長真《ながざね》ら揚北《あがきた》衆、総勢六千の軍勢が包囲した。同月二十五日に新発田城は陥落し、新発田重家は自刃した。この戦いで藤田信吉は新発田重家と槍合わせをして、信吉は重家の左眼を突き、重家は信吉の左股を突き通した。そこへ夏目舎人《とねり》が来て信吉を助け、重家の手の人差指から小指まで四本を切り落している。その戦い振りは「管窺武鑑」によると次のようである。

新発田重家自ら本城南の廊門から藤田信吉を呼び出し、部下の将士の命乞いを条件として降伏を願ったが、景勝が城攻めの合図をするのを見て、ついに願いを打ち切り開戦した。信吉が堀を渡り本城に攻め込むと、重家は金の福禄寿の甲《かぶと》の緒をしめ、金白檀の具足をつけ、白母衣《ほろ》をかけ、太刀をぬいて横たえ、床几に腰かけ、左右に屈強の武者十騎ばかりを従えて広庭に備えていた。

そこに、逃げる敵を追っかけてきた信吉が突っかかり、重家は広縁に上った。信吉は十文字の槍をひっさげ進み寄り「藤田能登守（信吉）参会」と言うと、重家これを見て「持ちたる太刀を擲ち、側に持たせたる直槍を取って馳向う。重家は縁の上、能登守は縁下の庭に立ち、相槍なり、重家が左眼へ、能登守、槍を横手際迄突入れ、重家は能登守草摺の外、左股を突通す。夏目舎人、能登守を助けて、槍をもて重家が手の食指《ひとさしゆび》より季指《こゆび》まで四つを掛落す故、柴田槍を持たず、殊に深手負ふ故、奥へ引入り、其儘家に火を懸けたり。是に依って家来の者共、腹を切るもあり、或は斬合い死ぬもあり、焰中へ入るもあって、一人も残らず討死す。落城の期、斯様の剛強無類の働なり」「奴僕下薦にても末期迄変心せず、主の重家を見届け、剛強の働仕る」という。

重家方の働きは、上杉方も賞賛をおしまぬ見事なものであった。この戦で討ち取った首の数は二百八十余。首帳をしたためて凱歌をあげた。こうして七年を要した新発田征伐が終結したのである。

上杉家宿願の佐渡平定に従軍

佐渡国平定は、上杉景勝の宿願であった。景勝が初めて上洛した天正十四年（一五八六）、帰国を目前にしていた景勝に対して、六月二十三日、羽柴秀吉は直書を与えて、佐渡の厳重な仕置きを命じ、これに背く者に対しては、きっと成敗を加えるべきことを令した。当時、越後国内に新発田氏の問題をかかえていて、佐渡出兵の機は熟さず、同十六年にも、本間高季と河原田・吉井・潟上等との争いに、板倉式部少輔を派遣して調停させるにとどまった。これも河原田らが聞きいれず、効は無かった。

これも新発田氏が亡んだことで、ようやく佐渡出兵・佐渡平定の宿願を果たす機が来たのである。同十七年（一五八九）、景勝は佐渡出兵の令を発し、五月二十八日、景勝は佐渡平定のため三百余艘を出雲崎《いずもざき》（新潟県出雲崎町）から送った。六月十二日、景勝は出雲崎より自ら一千余艘を率いて真野《まの》湾にまわり、沢根城《さわね》（同佐渡市）の城主・本間高次《ほんまたかつぐ》の協力で沢根に上陸した。

「管窺武鑑」第七巻（『越後史集』地、筆者註、月日は異なる）に「藤田能登守（信吉）・安田上総介（能元）・

須田右衛門尉（満胤）三組の士大将、合せて八千余（略）、出雲崎を出帆し、南佐渡を右に当て西方へ押廻し、沢根湊へ著《つ》く」とあり、信吉は一軍の大将として従軍した。まず、信吉らは本間高統《たかむね》の河原《かわはら》田《だ》城（東福城。同佐渡市）を攻めた。高統は城に火を放って自害し、河原田本間氏は滅びた。

この戦いは「佐渡国誌」などによると、河原田本間勢に羽茂《はもち》本間勢の援軍も加わり、上杉勢と激戦を繰り広げたという。藤田信吉は自ら槍を揮《ふる》って数人の敵を倒したと伝わる。

敵亦追ヒ至リ旗下混乱セリ、藤田自ラ槍ヲ揮フテ敵ヲ倒スコト数人、敵兵其ノ周囲ニ蝟集《いしゅう》セリ、藤田馬傷ツキ徒歩シテ指揮ス、斎藤源太左衛門之ヲ見テ己ノ馬ヲ与ヘタリ、

（「佐渡国誌」）

さらに「佐渡風土記」では、信吉が一時、討ち死にを覚悟したほどの激戦であったが、馬取の中間三蔵と三左衛門の機転で助かり、後日、信吉は三蔵と三左衛門に苗字を与え小山三蔵、伊沢三左衛門と名乗らせ士分に取り立てたという。

大手の大将藤田能登守信吉も其身大に戦ひ疲れ、僕卒多く討取られ、殊に乗りたる馬を射殺され、既に討死と危き処、馬取の中間三蔵・三左衛門と申者、敵を四方へ追払ひ、彼馬の鞍鐙其外の品々を不残迦し取りて、甲斐甲斐敷も主人を助け、味方の陣へ帰りける、去ル間信吉当国より帰陣して、両人の者を引上ゲ、名字をくれ、小山三蔵・伊沢三左衛門と名乗らせ、拾五貫宛の禄を与へける、其後とても武功を顕し度々手柄を仕ける。

（「佐渡風土記」巻之上。傍線は著者）

六月十六日には、羽茂本間氏の本拠・羽茂城（新潟県佐渡市）が陥落し、城主の本間高茂《たかもち》（一に対馬守高貞）は弟の赤泊《あかどまり》城（同）の城主・本間高頼《たかより》と共に逃亡したが捕らえられ、国府川原で斬殺された。ここに、四百年にわたって栄えた羽茂本間氏も滅びた。

藤田信吉がこの佐渡平定戦で活躍したことは間違いないが、信吉が中心となって平定したという異説もある。「佐渡国誌」では、五月七日には藤田信吉ら先陣は佐渡に渡り布陣し、景勝の来るのを待った。ところが、一ヶ月経過しても景勝の出馬の報が届かない。そこで六月五日、士気を高めようと決し、信吉らが平定戦を開始したという。「管窺武鑑」は時期を天正十二年のこととし、藤田信吉が総大将で佐渡平定したとまで記す。佐渡市相川町大字二見にある二見神社はかつて中宮大明神と呼ばれていたが、信吉の佐渡入国の際に廃絶されたという伝承も残る（二見神社説明板）。

会津出陣と従四位下の叙任

佐渡戦線から帰国した信吉は体を休めることなく、今度は会津（福島県）への出陣を命じられた。これより前の天正十二年（一五八四）八月に、景勝は豊臣政権の「出羽・陸奥・佐渡」の各領主との「取次」を命じられていた。同十四年十二月、豊臣秀吉は太政大臣に叙任されると、惣無事令（私闘禁止令）を関東・奥羽の諸大名に発し私闘を禁止した。しかし、関東・奥羽の大名は自立の意思が高く、表向きは停戦に応じるといいつつも、自力で領国拡大しようとの風潮が強かった。

とくにその最右翼は伊達政宗《だてまさむね》（一五六七～一六三六）であった。同十七年（一五八九）六月五日、伊達政宗は芦名義広《あしなよしひろ》を摺上原《すりあげはら》で破り、首級二千五百をあげた。同月七日、芦名氏の将士の多くが伊達氏に投降したため、同月十日、義広は黒川城《くろかわ》（のちの会津若松城。福島県会津若松市）を捨てて常陸（茨城県）の佐竹義重（義広の父）の元へ逃れ、芦名氏は滅亡した。同月十一日、政宗は黒川城に入城した。会津領内には政宗に服従しない豪族も多かった。横田城（中丸城。同金山町）の山内氏勝《やまうちうじかつ》もその一人であった。氏勝は上方の石田三成とも交流があり、伊達政宗に服従することを拒み、大窪城《おおくぼ》（同郡山市）の河原田盛継《もりつぐ》と共に伊達氏の侵攻に備えた。伊達軍が侵攻して来ると氏勝は横田城を捨て、七〇五メートルの要害山の頂上にある水窪城《みずくぼ》（同只見町）に籠もり、上杉景勝に援軍を要請した。

景勝は山内氏勝の要請もあり、徳川家康の依頼でもあり、それよりも秀吉の命令もあって会津へ兵と援助物資を送った。八月十八日、上杉の援軍は横田大学らの案内で六十里越を経て水窪城に入った。信吉らは、この援軍として会津へ出陣したのである。「管窺武鑑」は次のように記す。

八月十五日前は、放生会の祭礼、出陣を厭ふ越後家の定法なり。是に依って、八月十六日会津加勢衆発馬、其面々は藤田能登守・安田上総介・須田右衛門竝に佐藤甚助に、植田三庄の小身衆を、相備に仰付けられ、扨又、小澤大蔵・横田大学両人は、会津牢人なり。（略）其手分は、

一に、小澤大蔵は旧領小澤へ相働く。

二に、藤田・安田・須田三備は、横田大学を案内にして　先手とし、多田美（只見）より向ひ、横田・伊奈へ懸って働き入る。

三に、佐藤甚助は、伊方へ取詰め働き入る。

その後、「系図纂要」「藩翰譜」「三百諸侯」によると、天正十七年（一五八九）十一月には、直江兼続は正四位下侍従、藤田信吉、泉沢河内守、安田筑前守の三人は従四位下に叙せられたという。

藤田氏姻戚関係図

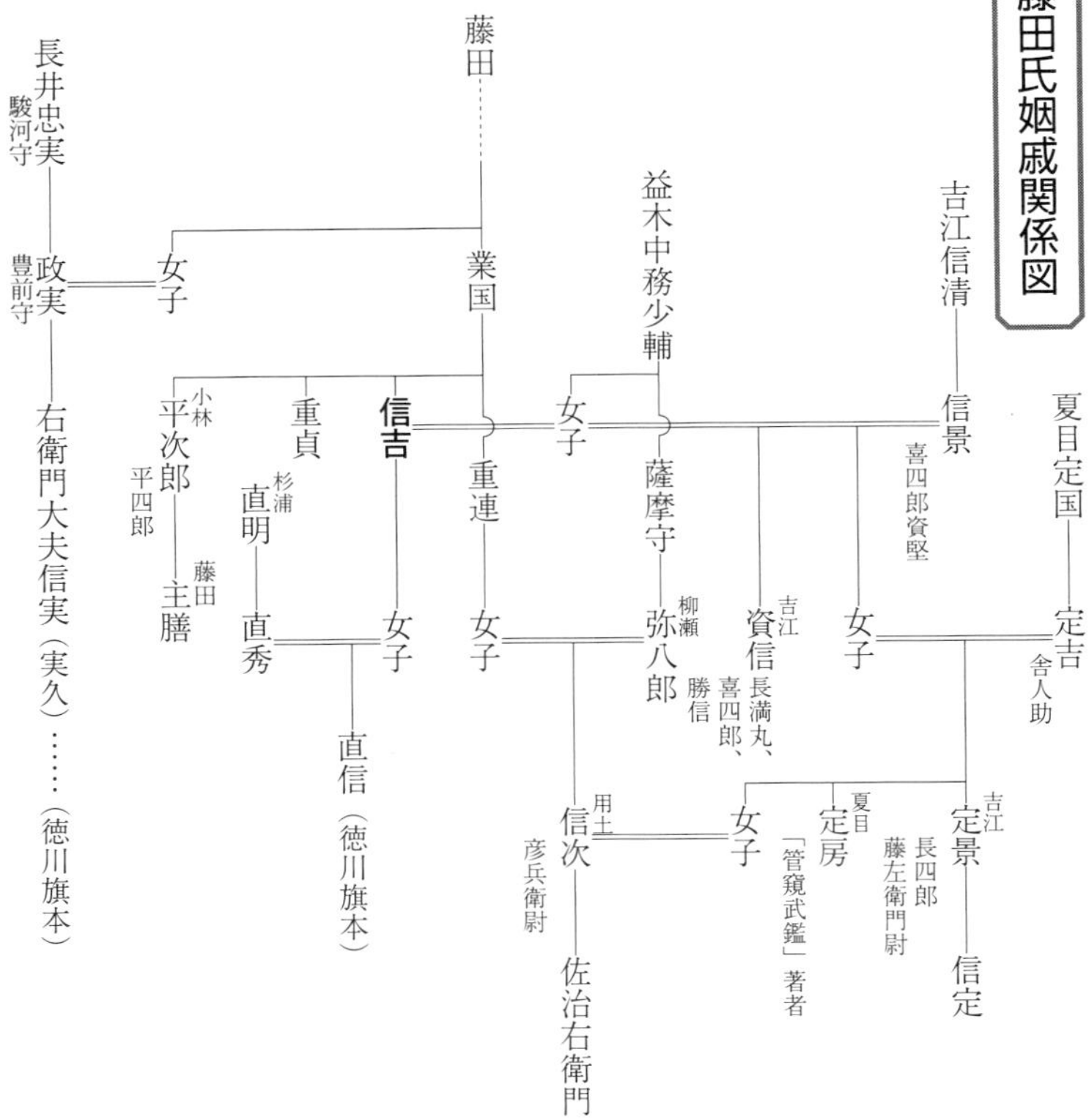

（参考「管窺武鑑」『日本城郭大系』4ほか）

第五章

小田原合戦での活躍

小田原征伐の命が下り坂本宿に陣す

上野国沼田領（群馬県沼田市）は藤田信吉が去って以来、真田昌幸の所有するところで、その後、沼田領をめぐって小田原北条氏と真田氏の攻防が続いた。豊臣秀吉は北条氏を臣従させることを優先させるべく、真田氏の墳墓の地と称する名胡桃（同みなかみ町）を除き、沼田領は北条氏のものという妥協案を提示し、天正十年以来続いた「沼田問題」が決着した。

ところが、天正十七年（一五八九）、北条氏邦の家臣で沼田城代の猪俣邦憲（富永助盛）が功名にはやり、真田方の名胡桃城を攻め落としたのである。これに激怒した豊臣秀吉は十一月二十四日、北条氏に宣戦布告状を送り、全国の諸大名に参集を求めた。翌十八年二月十日、景勝は一万の軍勢を率いて出陣した。信吉もこれに従軍するが、因縁の北条氏攻めに歓喜したことであろう。上杉勢は北国街道を南下し、信濃を経由して上野国（群馬県）に進み、信濃の中仙道追分で前田利家の軍勢一万八千と合流した。この北国軍には信州三組衆（真田昌幸が三千、芦田康国《あしだやすくに》が三千五百、小笠原貞慶《さだよし》が五百）が加わり合計三万五千、その総大将は利家である。

北国軍と最初に接触したのは上野松井田城（群馬県安中市）主・大道寺《だいどうじ》政繁《まさしげ》であった。政繁は碓氷の峠道を掘り切り、二千の兵を率いて坂本（同）に布陣し北国軍を待ち構えた（一説に布陣したところは「跳石」ともいう。『松井田町誌』）。三月十五日、松井田勢の伏兵が真田の偵察隊を敗走させ、政繁は北条氏直から感状を得た（『信州の城と古戦場』）。

北国軍のうち、信州三組衆（小笠原・真田・芦田）が反撃する。真田・芦田勢は正面から松井田勢を攻めた。小笠原勢はいち早く山の手に回り松井田城に向かう態勢を示したので、松井田勢はこれを見て備え騒ぎ立って色めいた。そこへ突入したのが藤田信吉・安田能元（順易）の上杉勢であった。真田・芦田勢も勢い攻めかかったため、松井田勢は崩れ立って松井田城へ退き籠城した。こうして、北国軍は坂本の松井田勢を追い払い、その陣地を占領したのである。「上野志」は次のように記す。

> 松井田城主大導寺駿河守直宗（政繁）・同新四郎二千騎にて在城しけるが、坂本宿へ出張し相支へて防がむとす。之に依りて寄手評議して、真田・依田《芦田》、件の敵に向ひ、毛利・小笠原山手へ廻り、東の方より松井田城に押寄せむとしけり。敵方、是を見及び備騒立って色めく所に、景勝の魁首藤田能登守信吉・安田上総介順易相戦ふ。然れども真田・芦田、金鼓を鳴して叫いて懸る。敵兵崩れ立ちて松井田へ引退く。
>
> （「上野志」上『上野志料集成』一）

陣中で起こった牛騒動

坂本宿に上杉軍や真田軍が滞陣した夜、上杉軍の甘糟景継隊の小荷駄の牛が一頭放れて真田隊へ入り飼草を食ったので、真田隊ではその牛を奪い取った。景継はその取り戻しを同僚の藤田信吉に頼んだ。というのも、真田昌幸と信吉は武田氏以来の馴染みだったからだ。そこで信吉の家臣が取り戻しの交渉に行ったが、真田方では渡さない。使者が帰ってこれを信吉に報告すると、彼は激怒し、手兵数百に刃物は持たせず棒切れだけの得物で真田隊を襲撃させた。

この騒動に、折から上杉陣営へ来合わせた佐野天徳寺了伯が仲裁に入り、結局、真田方の牛を奪った犯人のほか連累者七人を甘糟隊へ引き渡すこととなり、これを真田方の丸子某が伴って甘糟の陣に赴き、信吉の臣・夏目舎人助立ち合いのうえで引き渡した。ところが、そのとき犯人の八人が一斉に立って甘糟隊に切り込んだため大乱闘となり、甘糟隊ではその三人を討ちとり、ほかは捕虜のうえ真田陣に至り昌幸の眼前で斬首し、八人の首をそこへ晒して帰ったという。

以上は「管窺武鑑」の記すところで、同書の著者の父・夏目舎人助定吉《さだよし》がこの事件の当事者の一人だったのだから史実であろう。戦国武士の意地と殺伐性を物語る話柄である。

なお、この事件が牛一頭の問題でこじれて騒動となったのは、真田と藤田との過去の関係を見逃すことができない。信吉はもと沼田城代だったが昌幸に占領され、結局、越後へ浪人して上杉家へ出仕したのだから、昌幸に含むところがあったに違いないという指摘もある（『真田三代録』）。

宮崎城を調略

北国軍は松井田城（群馬県安中市）を包囲した。前田利家が関東に出陣にあたり「松井田城は天下の城」と豊臣秀吉が注意を与えたと伝わる名城であった（『日本城郭全集』3）。さらに宮崎《みやざき》城（同富岡市）など周辺の城からの支援の期待もあり、松井田城は城守決戦の態勢であった。そこで藤田信吉は、松井田城への支援を断つべく、近隣の宮崎城・国峯《くにみね》城（同甘楽町）などを攻略し、松井田城を孤立させようと献策する。その策を入れ、北国軍は藤田信吉を先鋒とし、村上国清、前田の加勢を添えた三千七百余騎、検使・木戸源斎（玄斎）という別働隊を編成して甘楽（甘羅）地方を制圧することにした。

藤田信吉が北国軍別働隊に選ばれたのは、甘楽郡野上附近は藤田氏に縁があったからで、今も藤田峠の名が残っている。また、藤田峠を監視する位置に藤田城（同富岡市）があり、「上野志」に「藤田弾正居後、子孫加州にあり」とあって藤田弾正がいたという。この藤田氏は上州藤田氏で、「上州藤田系図」（甘楽町・興厳寺蔵）によれば、藤田政行《まさゆき》の子孫・野上三郎信国《のぶくに》が上野国甘楽郡国峯下に移ったことに始まり、代々野上の藤田城にあって山内上杉氏に属していた。上杉憲政の頃まで小幡《おばた》氏と並存して野上にいたが、天文の頃（一五三二～五五）には野上を離れたという（『日本城郭全集』3）。

宮崎城は下仁田の国峯城の属城中、最も重要な城であった。国峯城主は小幡信貞《のぶさだ》で、小田原に籠城しており、留守はその子・信秀《のぶひで》が守っていた。宮崎城には小幡吉秀《よしひで》と同則信《のりのぶ》などが三百余騎で立て籠もっていた。信吉は謀略で宮崎城を落とそうと家臣・夏目舎人助定吉を呼んだ。宮崎城の小幡帯刀は上州沼田の生まれで、沼田城代時代の藤田信吉の部下だったことがあり、舎人助と旧知だった。信吉はこれを利用し、夏目の郎党・天野浩左衛門を帯刀のところへやって「厩橋や箕輪が降ったため、松井田の大道寺政繁も防戦の気力を失って降伏を申し出てきた。前田・上杉方では今まで小城には目もくれなかったが、これからの進撃に後方線の憂いを除くため、附近の小城を一掃することに決まった。小幡方では将士の家族を南牧《なんもく》の砥沢《とざわ》城（同南牧村）に避難させている。このことを知った北国軍は砥沢を攻め取って家族たちを押さえ、宮崎城中の戦意を喪失させようとしている。降伏の意志があれば、旧識の誼で取り持とう。でなければ砥沢城に移り、山地を利用して防禦、籠城するほうが得策だろう」と記した書状を渡させた。

帯刀は小幡彦三郎と種々密談した結果、宮崎方は砥沢城に移って決戦することとなった。信吉は宮崎方がうまく謀略に乗って来たので、三月十六日夜半に松井田を発ち、密かに宮崎城に接近し備えを立てた。十七日の夜明け近く、舎人助は帯刀を西の虎口に呼び出し、「今朝、前田勢がここへ押し寄せてくる」と告げた。帯刀らはこれを聞き、急に西の虎口から砥沢に向けて脱出した。そこで寄手はかねての計画通り、村上国清が東の大手から激しく城に攻めかかり、藤田信吉は落ちて行く敵を側面から襲って追い討ちをかけ、やすやすと宮崎城を攻略、小幡左衛門吉秀は討ち死にしたという（『上毛古戦記』）。

長井信実を支援し三ツ山城を回復

ところで、北国軍の中に上州浪人で長井右衛門信実《のぶざね》（実久）という人物がいた。長井氏は斎藤実盛《さねもり》の後裔を称し、もと上州三ツ山城（浄法寺地域城。群馬県藤岡市）主で武田家に仕えていたが、武田家滅亡後も北条氏に敵対していたが、後盾がなく牢人の身となり、天正十三年（一五八五）六月に藤田信吉を頼って越後に至った。信吉は上杉景勝の許しを得て信実を庇護したが、これは信実が信吉の伯母（長井政実の室）の子で、二人は従兄弟の関係にあったからである。

信実は旧領三ツ山城の回復を切望したため、北国軍別働隊の藤田信吉は三月二十五日の夜、信実を相備とし三ツ山城を占拠した。ここを本拠として旧領浄法寺の地下人《じげにん》を集め、信吉率いる北国軍別働隊の加勢を得て二十六日、多比良《たいら》城（新堀城。同吉井町）を攻め城主・多比良友定《ともさだ》を降し、旧地浄法寺領を回復した。また、三ツ山城は北条氏が破却し放置していたため荒れ果てていたが、信吉が縄張りし普請を命じ、ここに長井を復住させ北条氏の隙をついて長井の自立を支援したという（『上野国志』『管窺武鑑』『鬼石町誌』ほか）。

その後、徳川家康が関八州の領主となると、信実は徳川氏に召され、上総国清水（所在不明）において千石の地を与えられ上総へ移った。慶長八年（一六〇三）二月、家康が征夷大将軍となり江戸幕府を創設すると、幕府は諸大名らの妻子を江戸に置くことを決めた。信実は承知せず命に従わなかったため領地を没収され、元和元年（一六一五）六月十四日に播磨の配所で死んだという（『寛政重修諸家譜』『日本城郭大系』４）。

国峯城・松井田城を攻略

信吉ら北国軍別働隊は、四月十七日に小幡氏の国峯城（群馬県甘楽町）を降した。「国峯天正十八年藤田能登守居住」（「上野志」中）と信吉が国峯城に居住したとあるが、このときに信吉が在城したのは内匠《たくみ》城（同富岡市）であろうと指摘されている（『日本城郭大系』5）。しかし、これは一時的なものであろう。

その後、信吉らは北国軍本隊と合流し、松井田城（同安中市）攻撃に加わった。「景勝の魁首藤田能登守信吉、安田上野介順易まっしくらに懸て相戦ふ」（「関八州古戦録」）と、信吉らの活躍もあって、四月二十日には北国軍は松井田城を攻略した。四月二十三日、松井田城の降将大道寺政繁は、旧知の藤田信吉に書状を送って取り成しを頼み、北国軍の先導役を申し入れた（「覚上公御書集」）。前田利家らはこれを許したので、政繁はこれ以降、北国軍の先導を務めた。

鉢形城を攻める

北国軍は武蔵に兵を進め、五月三日に河越城（埼玉県川越市）、五月十三日には松山城（同吉見町）をあいついで落とし、五月十九日、ついに北条氏邦の籠もる鉢形城（同寄居町）に軍勢を進めた。

これより前に行われた小田原評定において北条氏邦は、積極的に城外へと打って出て豊臣軍を叩く戦法を主張したが認められず、小田原城での籠城策が取られることになった。そこで氏邦は、鉢形城へ戻って三千の兵で守備を固め、天神山城・虎ヶ岡城・八幡山城（雉ヶ岡城）などの支城にも兵を配置し、北国軍（豊臣軍）の来襲を待ち構えた。

　北国軍は東方から前田利家、南方から上杉景勝、西方から徳川勢の本多忠勝、そして北方から真田昌幸ら合計三万五千の大軍をもって鉢形城を包囲した。藤田信吉は上杉勢の一員として城攻めに加わった。籠城中の氏邦は信吉とは因縁の間柄である。藤田家直系の信吉には、氏邦には藤田家を乗っ取られ、実の兄・重連を毒殺された遺恨があった。いわば信吉は、攻城方に加わることにより憎き氏邦に一矢を報いるチャンスに恵まれたともいえる。

鉢形城跡　埼玉県寄居町

　城方は意気軒昂《いきけんこう》で寄手の陣地を攻める準備をした。前夜よりその城内の空気を察した上杉勢の先陣藤田信吉は、天正十八年五月二十日夜、奈磨山より十五町（約一・五キロ）進んで、城の直道に深林があるのを幸いとし、伏兵を五段に設けて待ち伏せした。大将の信吉は旗印を差さずして袖印をつけ、士大将は小さな馬印を腰に差し、敵の備の真中へ横筋違いに乗り入れる手筈にした。味方の一の備に右に進んで敵の先鋒を円く包み、いま一つの備は敵の二の手へ無二無三に斬りかかる。二の備は敵の同勢を押しまくって切り崩す。後

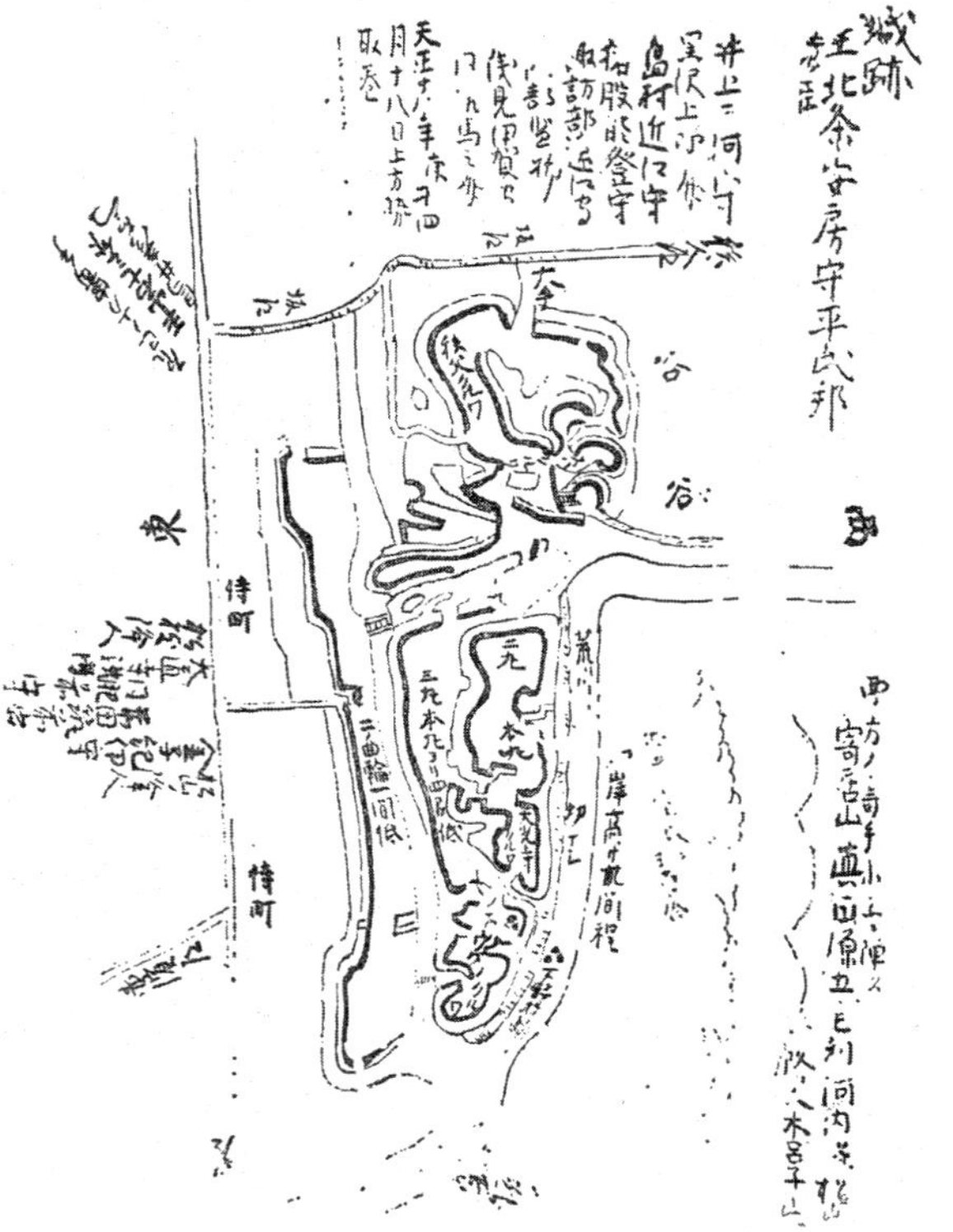

鉢形城図　「武蔵志」より転載

の備は変化に応じて行動に取りかかるという布陣であった（「管窺武鑑」）。

夜も仄々《ほのぼの》と明けかかる頃、城兵が出撃してきた。その総指揮は北条氏邦扈従の中村内左衛門と老功の士・松村豊前の二人だった。一手は五十騎、二の手は七十騎、三の手は七十騎の三段に備え、何れも歩者を混じえぬ騎馬武者だった。藤田の陣地、すなわち深林に近づいたとき、老巧の松村豊前は左右に眼をくばり、このところ伏兵ありと推察し、深林の前にて采配を陰になして急に兵を納めんと、駿馬に鞭をあて急きょ引き返した。これを見た信吉は、逃がすなど自ら一の軍を率いて逃げる松村豊前を追った。二の陣の指揮・甘糟備後はかるく備をくり出し、つづら折りに静々と押し出す。

この時、上杉の家臣・島津左京亮は相番のため藤田の陣地近くに見物に来ていたが、松村豊前の逃げ行く姿を見ると共に、自分の人数の中、鹿ヶ瀬という飛脚に命じて松村豊前のあとを追いかけさせた。鹿ヶ瀬は「馬より速い」ほどの健脚で、馬上の松村豊前をわずか三丁ばかりで追い詰め、馬の脚を払って松村豊前を突き落とし、たちまちその首をはねた。それを見た藤田勢は、勢い激しく切りまくり、森より十町（約一キロ）余追いかけ、逃げる雑兵七十九級を討ち取った。城兵は八方に逃げ散り、ほうほうのていで城内に逃げ込んだ（「改正三河後風土記」『鉢形落城哀史』）。

氏邦の助命を嘆願

鉢形城が天険の要衝であるのに加え、北条流の築城術が駆使された堅固な要塞だったことから、北国軍は攻めあぐねた。半月ほど攻めても陥落させられず、苛立つ寄せ手をさらに焦らせた。天正十八年六月十日、本多忠勝らの徳川勢は、鉢形城の西端から十町ほど南西に隆起する車山（標高二一六・八メートル）に、家康から借りてきた二十八人持ちの大筒を設置し砲撃したため城内は大破、城兵に戦死者が続出して城内の士気は衰えた。これを知った景勝は藤田信吉に、氏邦を説得できる者を捜せと命じた。下知を受けた信吉は藤田家の菩提寺（正龍寺・青龍寺とも）に赴いて、住職の良栄《りょうえい》和尚を説き、六月十二日、鉢形城内に足を運ばせて投降を呼び掛けた。

説得を受けた氏邦は翌十三日の早朝、良栄和尚立ち会いのもとで剃髪して宗青と称した。六月十四日、氏邦は城兵の命と引き換えに供の者わずか九人で前田家の陣へ降ったとされる。一説によると、信吉は氏邦に降伏勧告するとともに助命を嘆願したという（『埼玉人物事典』）。これで一応、信吉は氏邦に一矢を報いることができたわけだ。結果的にみれば、鉢形城が無血開城できたのは藤田信吉の斡旋があったからである。こうして、ここに堅固を誇った鉢形城は落城した。

氏邦の妻・大福御前（藤田氏）は、鉢形城の陥落直前に法善寺へ身を寄せていたが、藤田信吉に引き取られた。正龍寺蔵の古文書に「大福御前、氏邦妻。天正中北条家滅亡、夫人無所託、乃流落奥州久之、邑民懐康邦追徳使人迎之至、則就正龍寺剃髪為尼」とある。大福御前は信吉に同伴して奥州まで赴いたところ、藤田領の農民たちに迎えられ武州に戻ったという（『鉢形落城哀史』）。「野史」では、大福御前は城を脱出したものの賊に襲われ、信州野麻に拉致されてその婦となっていたところを旧臣たちに助けられ、武州に戻ったとある。

その後、大福御前は貞操を守り尼となって「芳春尼」（「系図纂要」）、一説に「宗栄尼」（『鉢形落城哀史』）と号して藤田家の菩提寺である正龍寺東南に庵を結んだ。千日間に普門品千部読誦の発願《ほつがん》をし、その満願の日の文禄二年（一五九三）五月十日、沐浴した後、正龍寺近くの畑で胸を突いて自害したという（「新編武蔵風土記稿」『鉢形落城哀史』ほか）。五十三歳であった。大福御前は夫・氏邦との別れ別れの生活を苦にして命を絶ったともいう。法名「貞心院殿花屋宗栄尼大姉」（「正龍寺過去帳」）。

一方の氏邦は、信吉の口添えもあって前田家に預けられた。氏邦は晩年を能登七尾《ななお》（石川県七尾市）で過ごし、慶長二年（一五九七）八月八日に金沢（一説には能登七尾）で病没した。享年五十五。法名「昌龍寺天室宗清大居士」（「正龍寺過去帳」「系図纂要」）。氏邦の遺骨は、お供をして金沢にあった町田康《やす》忠《ただ》ら六人の旧臣たちに抱かれて八月二十六日に故郷へ帰り、三七忌にあたる同月二十八日に正龍寺で葬儀が行われた。この葬儀には光福丸（氏邦の子）をはじめ、秩父や鉢形辺に残留していた旧鉢形北条家の遺臣たちが参列し、正龍寺住職の繁室和尚によって葬儀が執り行われた（『鉢形城之由来』）。町田康忠は九月十一日、埋葬を終えた氏邦の墓前で殉死したという。

正龍寺の墓地を訪れると、藤田康邦夫妻の墓と並んで北条氏邦夫妻の墓がある。いずれも宝篋印塔の立派な墓で、埼玉県の県指定史跡となっている。

八王子城落城と悲惨な最期

鉢形城を落とした前田利家・上杉景勝らはすぐさま小田原（神奈川県小田原市）に出向き、天正十八年六月十八日、豊臣秀吉に拝謁して鉢形城落城を報告したが、攻略に日数が掛かったことに秀吉は怒り、すぐに八王子城（東京都八王子市）を攻撃し、しかも一人残らず殺すようにとの厳命を受けた。

六月二十二日、前田・上杉らの北国軍に北条方の降将大道寺・難波田《なんばた》らの兵が加わり、八王子城を包囲した。城主・北条氏照は小田原に詰めており、本丸に氏照配下の横地吉信《よこちよしのぶ》、中の丸に中山家範《いえのり》・

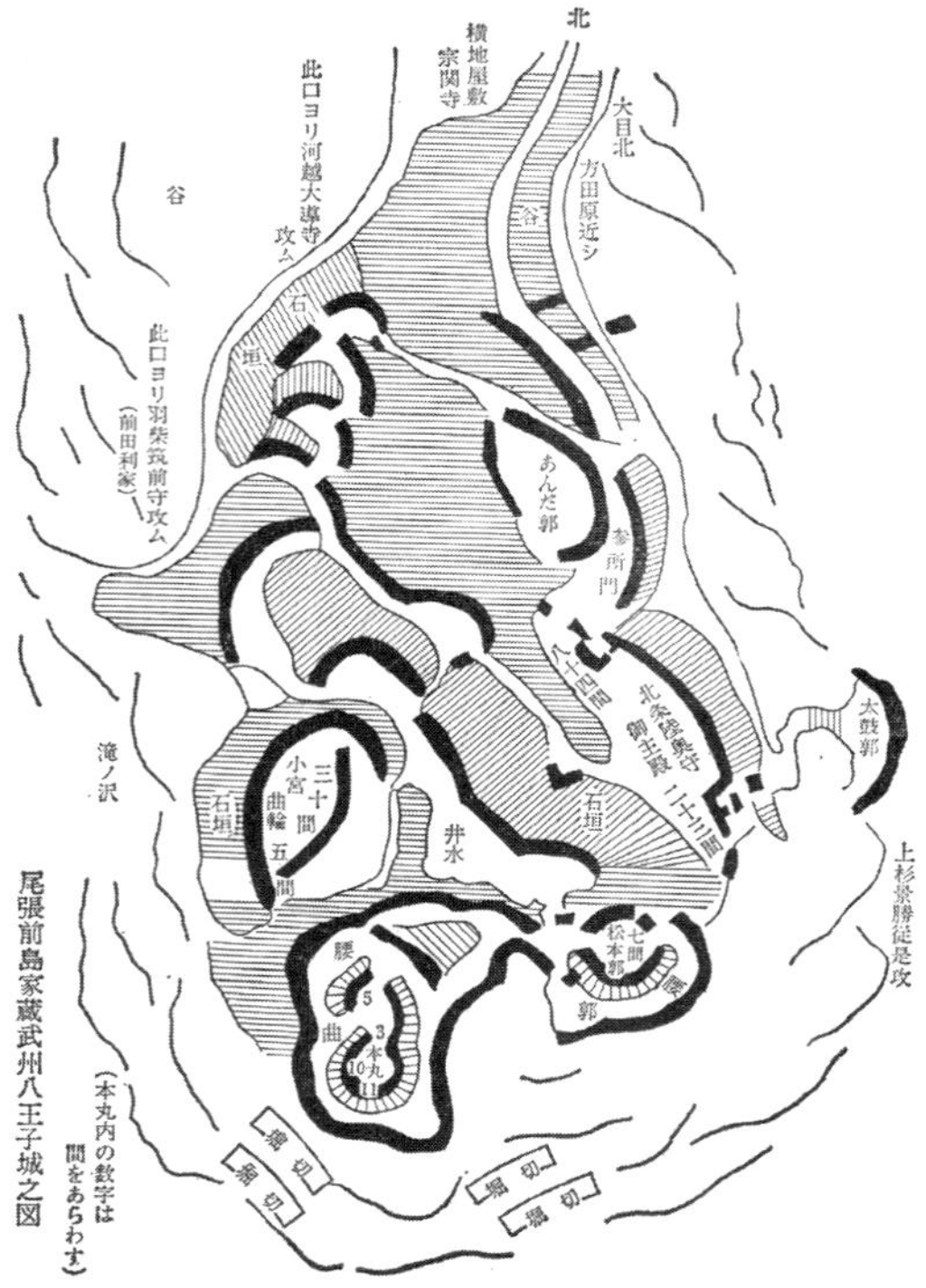

八王子城絵図　佐藤孝太郎『多摩歴史散歩』より転載

狩野一庵《かのういちあん》、山下曲輪に近藤綱秀《つなひで》が守備していた。利家は開城勧告の使者を遣わしたが、城兵は使者を切り捨てこれを拒否した。

翌二十三日卯の刻（午前六時）総攻撃を開始、大道寺らの先陣は山下曲輪を攻撃し、守将の近藤綱秀は戦死した。前田利家の本隊は金子曲輪の攻撃に向かい、城将・金子家重《いえしげ》の奮戦も及ばず、ここもやがて陥落したので中の丸の攻撃に移った。中の丸は中山家範が手兵三百人で立て籠もっていた。前田方がようやく前田利太《としおき》らの活躍で曲輪に突入したときには、北条方は十数人になってしまい、もはやこれまでと決断した家範は詰の丸に入って婦女子を殺害して後、壮烈な自刃を遂げた。前田方は、先陣青木信照《のぶてる》をはじめ馬廻り・小姓衆ら三十人余りが戦死した。

一方、上杉景勝の部隊は搦手口が担当で、その先鋒は藤田信吉であった。信吉の部下に八王子出身の者が二、三あった。平井城（東京都八王子市）の平井無辺もその一人で、無辺は八王子城内の情勢に詳しく、搦手の隠し通路を案内し東の方の谷の間の水の手を伝い、信吉らは三の丸へ攻め上ったという（「管窺武鑑」）。しかし、この方面からの敵進攻は不可能に近いと判断していた城方は、ほとんど防御策を講ぜず、三の丸の兵力をほかにあて放任の明け放し状態であったため、搦手口部隊の奇襲は見事に成功した。これを知った狩野一庵は、三の丸を占領されることは致命的打撃であるとし、必死の防戦に出たが、上杉方の安田能元（順易）が続いて押し入って来た。狩野勢はついに適はず、一庵の屋敷に引き籠もった（「改正三河後風土記」ほか）。

そこへ上杉方・甘糟景継（清長）の兵が一庵屋敷の背後に迫り屋敷に火をつけ焼き払った。そのため、狩野一庵は再度、残兵二百ばかりを引きつれ突いて出たが、ついに多勢に取り込まれて討ち死にした。続いて信吉は二の丸に押し寄せて神保五左衛門一番首を取り、藤田が五十騎を預かり先頭にあった夏目定吉は、城兵の尾谷某を突き殺した（「改正三河後風土記」）。藤田信吉・甘糟景継・五百川《いもがわ》弘春《ひろはる》らは一挙に本丸を突いた。本丸守将・横地吉信は裏山に逃亡、山中で野伏に殺害された。御守殿（氏照居館）にあった婦女子は次々と御主殿脇を流れる城山川の流れに身を投げ、城山川はその血で三日三晩赤く染まったという。同日申の刻（午後四時）に戦闘は終了し、八王子城は落城した。この戦闘で中山・狩野・近藤ら守将のほか城兵五百人が戦死した（『直江兼続大事典』）。平井無辺も戦死したという（「管窺武鑑」）。

「関八州古戦録」（傍線は著者）は次のように記す。

爰元には警固の者一人もなかりし故、越後勢思ひし儘に械楯、逆茂木引倒し、閧を噇《どう》と作るや否や、曲輪の後面へ廻て火を懸たり。折節風も吹けれは、猛火盛んにもへ挙り、余烟本城へ掩ひけるを上杉衆得たりとして藤田能登守信吉、甘粕備後守清長、五百川修理亮弘春先登して本丸に押入り、当るを幸に突伏せ切伏せけれは、横田（横地吉信カ）監物長次防兼て狭間を潜に落行けるか、山林の中に分入て野伏の為に殺されけり。

奥羽検地で米沢城に入る

八王子城を攻略した後、六月下旬には相模の酒匂川《さかわがわ》河口付近・平塚（神奈川県平塚市）に集結を命じられた（「上杉家文書」）。「上杉景勝羽州検地仕置」（『筆濃餘理』上）によれば、そのとき景勝は出羽庄内三郡（田川郡・遊佐郡・櫛引郡。山形県鶴岡市・酒田市・遊佐町など）の支配を認められたので、須田満親・島津忠直などを六月下旬には早くも下越後経由で庄内へ派遣したという。七月四日、景勝は小田原の徳川家康の旧陣場へ移った（「浅野家文書」）。

七月五日には北条氏直が降伏して小田原城は落城。北条氏政・氏照は自刃し、氏直は高野山（和歌山県高野町）に流された。七月六日、秀吉は景勝と利家をいまだ開城に応じない忍《おし》城（埼玉県行田市）に派遣しようとした（「上杉家文書」）。そのことを小田原城で知った忍城主・成田氏長《うじなが》は、家臣・松岡石見を忍城に送って城代・成田泰秀《やすひで》を説得させたので、七月十六日に忍城は開城された。ちなみに氏長はその後、下野国烏山《からすやま》（栃木県那須烏山市）三万五千石の大名となった。

これで豊臣秀吉による全国平定がなった。秀吉は天下統一の総仕上げとして関東仕置・奥羽仕置を行い、羽柴（三好）中納言秀次を総大将として奥州検地を命じた。奥羽検地は前田利家が秋田地方より津軽を、上杉景勝が庄内三郡・最上《もがみ》三郡・由利三郡・仙北《せんぼく》三郡を担当した。検使として利家には石田三成、景勝には大谷吉継が副えられた。

七月十日、景勝と前田利家の両将は羽柴秀次に先立って出陣した（「管窺武鑑」）。七月十四日、蒲生《がもう》氏郷《うじさと》を先陣として羽柴秀次・福島正則・長岡（細川）忠興ら数万に及ぶ奥州仕置軍が出発した。七月下旬、景勝は会津黒川城（のちの会津若松城。福島県会津若松市）に入った。八月五日、羽柴秀次が会津黒川城に到着、景勝は城をこれに明け渡した。八月九日には秀吉が会津黒川城に到着し、秀吉の小田原攻めに参陣しなかった大崎義隆《よしたか》・葛西晴信《かさいはるのぶ》らの所領を没収、奥羽惣無事令違反として伊達政宗の所領地および会津を収公し、政宗を大崎氏の旧領に所替えをするという「奥州仕置」を行った。この一環で、上杉軍は旧伊達領および最上領の城の請け取りに向かった。政宗の居城だった米沢城（山形県米沢市）には藤田信吉、山形城（山形市）には泉沢河内守がそれぞれ派遣されて城を請け取り、その後、秀吉の家臣・山内一豊・松下石見守に米沢城、木村常陸介に山形城を明け渡した（「管窺武鑑」）。

八月下旬、景勝は軍監の大谷吉継とともに庄内に入り尾浦《おうら》城（山形県鶴岡市）に島津忠直、大宝寺城（別名鶴ケ岡城。同鶴岡市）に芋川親正、藤島城（同鶴岡市）に栗田刑部、酒田城（別名東禅寺城。同酒田市）に須田満親、観音寺城（同酒田市）に寺尾伝左衛門、菅野城（同遊佐町）に市川対馬を配置し、庄内三郡などの検地を実施した。

仙北一揆の討伐に従軍

その後、景勝は庄内より由利（秋田県由利郡）を経て、天正十八年九月中旬、仙北の大森城（同横手市）に入った。大谷吉継は横手城（同横手市）に駐留し、ここを本拠に仙北三郡の検地を行った。大森城は仙北地方、雄勝・平賀から山形の真室地方にまで勢力を張った小野寺一族の小野寺康道《やすみち》の居城であった。仙北の角館城《かくのだてじょう》（同仙北市）の戸沢光盛《みつもり》領分や本堂城（同）の本堂忠親《ほんどうただちか》領などは藤田信吉、六郷政乗《ろくごうまさのり》領（秋田県美郷町）は安田上総介能元が検地を分担した（『管窺武鑑』『角館誌』2ほか）。『管窺武鑑』は次のように記す。

大宝寺より酒田へ取付き、三崎山を越えて油利へ出で、九月中に仙木へ下着ありて、大森城へ御馬を納れられ、大谷刑部少輔並に直江・泉沢、共に斯くの如し。安田上総介は、六郷兵庫頭居城六郷の館、藤田能登守は、戸沢右京亮居城の角の館を請取り居て、諸方の縄打を申付くる。

仙北検地は初め順調に進んだようで、景勝はその状況を豊臣秀吉に報せている。これに対し、一揆蜂起の危惧をしていた秀吉は、九月十八日、景勝に対し在陣の苦労を労る一方で、油断なく遂行するよう命じた（「上杉古文書」）。

案の定、秀吉の危惧は的中する。九月下旬、六郷で大谷吉継の衆が検地の縄を入れるときに、百姓たちはしきりに「訴訟申」したのに対して、大谷衆はその場で三人を斬り捨てて五人に縄をかけたため、百姓たちは大谷衆を殺した。上方勢の傲慢さに怒りが爆発したのであろう。これを契機に一揆蜂起となった。増田・川連《かわつれ》（川津良）・山田らに一揆は広がった。仙北南部の暴徒は山にかくれて所在が知れず手のつけようもなかったが、報告をうけた景勝は「そのうちどこかに集合するであろう。そのとき押し寄せて一拠に殲滅すべし」と待機を命じた（『仙南村郷土誌』）。

果たしてしかり、増田城（秋田県横手市）に鍋倉四郎なる者を大将として二千余が立て籠もった。これを聞いた景勝は十月十四日、上杉勢と大谷の軍勢と、これに加担する地元領主の本堂忠親勢との連合軍一万二千人を率いて出馬し、増田城に押し寄せて約十日間にわたる激しい戦いとなった。藤田信吉は一備の将として戦い、八百五十余の首を得るなどの戦功をあげた。上杉勢全体では千五百八十余りの首を得たが、戦死二百、負傷者五百人と多くの損害をうけている。一揆勢は降参し、十五日、増田城を信吉が受け取った。このとき、信吉は一揆の者共に髪をそらせ、出家のうえは武器は無用であるとして武器を没収したと伝える。「管窺武鑑」は次のように記す。

清野清就軒、小幡下野守申上ぐるに付きて、増田の館を巻解し候へば、敵降参仕る（口伝）。故、逆徒等命を助けられ、十五日未刻、藤田能登守を以て、城を請取らせ、人質を取り、同類もを改め出し、是も人質を取るなり。右城を請取る時、藤田分別を以て、一揆の者共、髪をそらせ、出家の上は、刀脇差無用といひて、抑へて奪ひ取るに、二つの心持り。扨人質をば、色部修理・佐藤甚助に、御旗本組鉄炮二百挺差添へられて、大森に之を差置かる。〔翌十九年の春迄斯くの如し〕景勝公、同月廿三日迄、大森に御逗留あって、油利・仙木の縄打仰付けられ、相済むなり。

こうして一揆を平定した景勝は、由利・仙北の検地を「景勝公御一代略記」では十月二十日（「管窺武鑑」では十月二十三日）までに終了したとある。同日、景勝は色部長真《いろべながざね》を仙北在番として大森城に残して仙北地方を管理させることにし、帰国の途についた。これを由利・仙北より逃散した一揆どもと庄内の者どもが、由利郡と庄内の境の飽海《あくみ》郡三崎山（箕崎山。山形県遊佐町）などに立て籠もって要撃した。三崎山は馬蹄不自由、牛に乗って往来する険阻な地であった。同二十四日、信吉は才覚をもって諸卒までねこぼこ（藁で編んだ蓋付きの籠）、あるいは筵などに束物一束持たせ行き、束物を敷かせて、その上にねこぼこの類を敷き並べて平地のようにならして攻め立て攻略したという（「管窺武鑑」）。

景勝は酒田城に入り、十一月十日までに庄内地方の一揆を撃滅し、十一月中旬に帰国の途につき、十一月二十日、春日山城に帰っている。十二月二十九日、秀吉は戸沢・小野寺など仙北の諸氏に検地目録（本領安堵の朱印状）を交付している。

第六章　文禄の役から会津出奔へ

千利休の切腹と警備を行った景勝

天正十九年（一五九一）正月早々、上杉景勝は上洛した（「上杉軍記」）。閏正月六日、景勝は観修寺晴豊邸の茶会に招かれている（「晴豊日記」）。景勝の在京期間は不明だが、五月頃には春日山へ帰国したらしい。この上洛に藤田信吉は従軍しなかったようで、従軍した色部長真宛ての左記の書状はその事情を伝えている。

【藤田信吉書状】

態以飛脚申入候、仍自京都之仰出ニ付而、正月十五日御上洛ニ候、惣御人数之儀ハ廿日ニ御立候、其表之御人数ハ十四、五日之時分爰元江被罷着、廿日ニハ各同前ニ可罷立之由、□□《平出》御意ニ候間、早々御稼候而、如後日留之、御着陣御尤ニ存候、一、のほり《幟》ハ上之ねりニ候、鉄炮・手明・弓衆・こしさし《腰指》ハ、上之せんしもくるしからす候、のほり・かち《徒士》・小籏共、其元ニ而御もん御出候事ハ御無用ニ候、しゆ《朱》御弓衆候て御もたせ、爰元ニ而御もんを御出し可有候、一、うつほ《靫》ハ何もついニ上方へあつらい《誂》申候間、如何様之うつほニ成共、矢を御さし候而、御もたせ可然候事、一、鉄炮ニハ何もなめしかわ《鞣革》ニ而、上方様ニゆたん《油単》を御かけ可被成候事、一、のほり・鉄炮・手明・弓衆・こしさしハ爰元江御もち候て、一様ニしゆを御引可有之候、そさう《粗相》ニ被成候ハ罷成間敷候条、其分御心得御尤ニ令存候、一、遠路之儀ニ而候間、重而ハ飛脚差越申間敷候、必々如後日留之、早々御着専一ニ候、恐々謹言、

極月　　　　　　　　　　藤能（藤田能登守）

色修（色部修理大夫長真）　　　　信吉（花押）

参御宿所

（「東京都反町英作氏所蔵文書」『上越市史』別編2）

このとき、上洛した上杉勢は千利休の切腹に遭遇している。正月十三日、豊臣秀吉は堺にいた利休を閉門にし、二月二十六日には利休を帰洛させ、同月二十八日には切腹させている。二月二十六日の夜に入って帰宅した京の葭屋《よしや》町の利休屋敷の警備を、おりから上洛していた上杉景勝が命じられたのである。上杉の兵士数百騎、それに弓・鉄砲の兵士四百挺を構えた、まことに由々しき警備がなされた。

それというのも、利休に茶道を通じて懇意の武将が利休を奪回せんとする企てあり、と内報するものがあったためである。上杉景勝の兵が利休屋敷を取り囲み、厳重な警備体制がしかれた。岩井信能・色部長真・沢根刑部・千坂兵部・甘糟備後守・潟上弥兵衛ら、上杉景勝の家臣たる侍大将、足軽大将が率いる軍兵が、じつに三千人にものぼった。

二十八日、利休切腹の日がきた。利休の切腹を見届けるため聚楽第から派遣された検使の役は、尼子三郎左衛門（秀吉馬廻の組頭）・安威守佐《あいもりすけ》・蒔田《まきた》広定の三人であった。利休は三人の検使を客に最後の茶会をしてから切腹し、利休の弟子であった蒔田広定が介錯した。利休の後妻のおりき（法名・

宗恩《しゅうおん》）が次の部屋から出てきて、死骸に白小袖をかけた。

利休の首は蒔田・尼子の両人が秀吉の元に届け、切腹の情況を報告したが、秀吉は首実検さえせず、これを聚楽の戻橋で獄門に掛け、首を「鉋《かんな》かけ」（折敷《おしき》）にのせて、磔にしてあった木像に踏みつけるようにしてさらさせた。これを見物する老若男女が、毎日、引きもきらなかったという。

春日山城の留守を期待された信吉

天下を平定した豊臣秀吉の次なる征討目標は大陸・朝鮮半島であった。その出陣の内意を受けた景勝は、天正十九年（一五九二）十一月、配下の大将・馬廻衆らを召し寄せ、来年、朝鮮出兵のために越後から出陣するので、それぞれ人数（軍勢）を厳重に供奉すべきことを直江兼続に伝えさせた。藤田信吉は春日山の留守を任されることになった。十一月十八日には、やはり明年の朝鮮出兵に備えて、庄内表に在城の登坂甚兵衛・佐藤甚助の両将に命じ、留守中、不測の事態が起こったときには、上田衆・栃尾・下田などへ昼夜を嫌わず働くべきことを申し付けてあるので、いつでもこちらへ催促し、春日山の留守将藤田信吉・安田能元とよく相談して、臨機の措置をすべきことを指示している（「歴代古案」）。

安芸宮島で機転をきかせる

文禄元年（一五九二）正月、豊臣秀吉は全国諸大名に外征の法度を下し、朝鮮への出陣を命じた。景勝は兵五千人を引き連れて出陣した。春日山城の留守を任される予定であった信吉は先陣を命じられた。数々の戦場における信吉の高名働きは秀吉の知るところで、景勝としては秀吉の期待の大きい信吉を従軍せざるをえなくなったのだろう。

信吉は早くも機転をきかせて紛争を解決してみせた。それは、上杉軍は肥前名護屋（佐賀県唐津市）に赴く途中の安芸宮島（広島県廿日市市）で「芸州宮島に泊《とまり》し徳川勢と先後を争ふことのあり」（「三百諸侯」七）と、徳川家康の軍勢と一触即発で睨み合うという事件が起こったときである。「管窺武鑑」第八巻によると、次のようである。

景勝率いる上杉軍が、その日の宿泊予定地である安芸宮島を前にして陣場奉行衆（「藩翰譜」では安田上総介順易《のりやす》とある）が先行して宮島に入った。当時は、遠征軍の途中の宿泊場所を確保するために陣場（陣割とも）奉行衆が先行し、本隊の宿を手配するという習わしであった。ところが、上杉軍の後方にあった徳川家康の宿割衆（「藩翰譜」では村越茂介直吉とある）が先に来ていて良い宿を押さえてしまっていた。徳川方の割り込みに怒った上杉方は、このままでは自分たちの不手際となってしまうと、必死になって「宿を明け渡せ」と交渉する。これに対し一歩も譲れない徳川方との間で口論となり、一触即発の危険な状況となった。そこに先陣の藤田信吉が到着した。信吉は上杉方・徳川方の間に入って事態の収拾にあたった。どちらの言い分をそのまま採用しても一方がおさまらない。その場をうまく治めるために、信吉は「跡《うしろ》へ下るは不吉、先へ進むは吉事なれば」と上杉方の陣場奉行衆を説得し、次の宿場へ上杉軍の移動を提案、すぐに後続の景勝にも連絡し承認を得て、この場は事なきを得た。

上杉軍・徳川軍双方が肥前名護屋に無事着陣した後、事件の顛末を聞いた家康は「馬を両家の勢の間に乗り入れ徳川勢の面目をも失なはしめず、上杉勢の一分をも立しにぞ両家の兵は事故もなく無事におさまりぬ」（「三百諸侯」七）と、信吉の機転を褒め、「当方も面子を失わずに済んだ」と、家臣の大久保忠世・永井直勝を遣わして信吉に厚く謝辞を伝えた（「三百諸侯」「野史」ほか）。「北越耆談」によれば、これ以降、信吉と家康とは懇意になったという。

朝鮮に渡海する

文禄元年（一五九二）六月六日、東国大名では唯一、上杉景勝が自ら五千人の兵で渡海した。秀吉の名代として小鷹丸に乗船し、釜山《ぷさん》浦につき熊川《ウンチョン》城の築城を行った。翌年八月には工事が終了し、九月八日帰国した。この熊川倭城は慶長の役で小西行長の本営となり、現在でも石垣が残っている。

藤田信吉は朝鮮熊川に在陣し、黒川・色部・竹俣・安田・高梨氏などを普請衆「藤田組」として組織し、新城を修築した。慣れない朝鮮での生活は過酷で、景勝の陣は多くの病人と食糧難に悩まされた。「藤田信吉覚書」は、信吉が朝鮮在陣に自分の組中の兵士、とりわけ小屋番などの雑兵人数と異国での病死者等を記録したものである。これによると、「合三百拾人、此内四十四人煩《わずらい》」とあり、藤田組三百十人中の一割以上、四十四人が病気となって途中の八月に帰国している（「覚上公御代御書集」）。

「文禄三年定納員数目録」にみる軍役

天正十年（一五八二）から慶長三年（一五九八）にかけて、豊臣秀吉が浅野長政・増田長盛・石田三成ら家臣を検地奉行として、全国的に厳格な態度で検地が行われた。いわゆる太閤検地である。太閤検地の準備にあたって景勝は、それまでの貫高から石高表示に切りかえ、家中諸士から石高表記の「知行定納之覚」を提出させ、それによって家中の軍役体系を、文禄三年（一五九四）九月の「文禄定納員数目録」として作成した。この「文禄三年定納員数目録」によると信吉は越後侍中で山浦・本庄・高梨に続く四番目に記され、軍役の大きさは大国・泉沢・色部・斎藤・木戸・山浦・柿崎に続く第八位で、百六十八人半、禄高は二千八百八石三斗九升九合七勺とされた。春日山城下に大きな屋敷を与えられていたようだ。

この頃、信吉が長島城（新潟市南区）を居城としていたかどうかは不明である。前述のように、吉江喜四郎信景（資堅）の遺児・長満丸が幼年だったので、信吉は吉江一跡を引き継ぎ長島城主となって長満丸を養った。そして、文禄元年（一五九二）、十四歳になったとき、長満丸は吉江家を相続し喜四郎資信（勝信）と名乗り所領を景勝より与えられた。

春日山城絵図　山麓に近いあたりに「藤田能登守屋敷」が描かれている

その所領は頸城郡内にて「藤田知行の外」とあるので、信吉の長島城周辺の地は藤田領そのままだったようにもみえる。しかし、「温古之栞」「越後名寄」などには、長島城およびその周辺の寺社などに藤田関連の伝承記事を一つも確認することができず、信吉と長島城の関連については今後の検討課題としたい。

ところで、「北越城主抜書」に「村上之城主藤田能登守信吉」「温古之栞」村上の古城跡の条に「本庄越前守繁長居城とす、移封に依り同藤田能登守代る」とあり、信吉が新潟県村上市の村上城の城主であったという説があるが、確認できていない。

また、信吉の所領は三島郡の脇野（新潟県長岡市）・上岩井（同長岡市）・七日市（同）・鳥越（同）などにもあったようで、信吉の名で出した制札の記録が上岩井村小林庄屋文書の制札として残っている（「小林文書」）。なお、信吉は脇野町白山原に「白山様」を勧請し祀った。この白山社は現在、「日出神社」に合祀されているという（『三島町史』上）。

豊臣秀吉に小袖などを贈る

文禄三年（一五九四）十月二十八日、景勝は権中納言に任ぜられ、これを祝って秀吉などを伏見の上杉邸に招き宴を催した。秀吉は景勝へ藤四郎吉光の刀と脇差、海北友松《かいほくゆうしょう》の屏風一双、小袖五十領などを贈った。景勝からは助秀の太刀一振り、守家の刀と来国俊の脇差各一振、小袖五十領などを秀吉へ贈っている。酒宴の間に、景勝の重臣十一名は秀吉に挨拶することを許された。この重臣の一人に信吉が名を連ねている。この頃、信吉は上杉家中を代表する存在になっていた。重臣たちは、これも手ぶらというわけにはいかない。直江兼続は太刀一振、馬代銀子《ばだいぎんす》五十枚、小袖五領を献じ、本庄越前守・大国但馬守・大石播磨守などは太刀一振、馬代銀子三十枚を献上している（「景勝公御年譜」「上杉景勝伝」）。信吉は小袖などを贈っている（「本庄俊長氏所蔵文書」）。景勝も重臣たちも、たいへんな出費を余儀なくされた秀吉の招待であったわけだ。

会津へ移封

慶長三年（一五九八）一月九日、奥州会津（福島県会津若松市）九十一万九千石の蒲生秀行《かもうひでゆき》（氏郷《うじさと》の子）は、下野国宇都宮（宇都宮市）十八万石に減封のうえ、移封となった。翌十日、豊臣秀吉は上杉景勝に越後・北信濃から会津百二十万石へ国替えを命じた。秀吉は、関東の徳川家康と奥州の伊達政宗の間に大きな楔を打ち込む意図もあり、親豊臣氏の上杉景勝を会津へ移封したのである。

藤田信吉は景勝に従って新天地に赴き、一万一千石を与えられ津川《つがわ》城（新潟県阿賀町）代に任じられた。同じ石高は三人いるものの、直江兼続の六万石（表向きは三十万石）を筆頭に、二万一千石の大国実頼《おくにさねより》、二万石の須田長義・甘糟景継（清長）に次ぐ一万一千石は安田能元《よしもと》（順易）・清野長範《きよのながのり》と藤田信吉で、序列では五番目に位置する。四十四歳になった信吉は、なんとか大名の仲間入りを果たした。

なお、このとき信吉は陸奥福島城（福島市）、大森城（同）あるいは森山城（郡山市）の城代となったとする書もあるが（①〜⑤）、これらは誤伝であろう。

①「慶長三年の春景勝越後より会津へ所替の砌り、信吉大仏（福島）城〔杉の妻城とも云〕代となる。大森城にも居住と云」（「福島城相伝」『岩盤史料叢書』上）

②「大森城主　藤田能登守忠秀」（「越国諸士」『柏崎市史』資料編 古代中世編）

③「慶長二年十二ノ九遷陸奥食刈羽郡三十三邑一万五十三石余居大森城」（「系図纂要」）

④「景勝・奥に移りし時、信吉大森の城を領す」（「藩翰譜」『新編藩翰譜』5）
⑤「景勝奥州会津を国替しも森山城主となり」（「藤田系図」『秩父物語』所収）

景勝の代理で上洛する

慶長三年（一五九八）八月十八日、稀代の英雄・豊臣秀吉が没した。そこで景勝は九月十七日、会津若松城を出発、十月二日に伏見邸（京都市伏見区）に入り、豊臣政権の五大老の一人として国政を担当した。その後、徳川家康が秀吉の遺言を無視し、福島正則や伊達政宗ら有力大名との縁組を強行して独自勢力を拡大していく。こうした動きに、同四年（一五九九）正月二十日、景勝は前田利家・宇喜多秀家・毛利輝元らと徳川家康が豊臣秀吉の遺命に背いたことを責め、次第に豊臣政権は親徳川方と石田三成らの反徳川方に分裂していく。

閏三月三日、前田利家が没し、これで誰も豊臣政権内での徳川家康の独走をとめられなくなった。

景勝は七月二十八日、大坂城（大阪市中央区）に至って豊臣秀頼・徳川家康に辞し、八月三日、伏見を発して同月二十二日に会津若松城に帰った。景勝は、あくまで亡き秀吉の知遇に報いる心を変えなかった。そして、豊臣家衰亡の中で専横なふるまいの目立ってきた徳川家康に抵抗する腹を当初から決めていた。景勝は前年の初め、秀吉の命で越後から会津へ国替えになったばかりで、領内統治をほとんど行っていない状況であった。そこで早速、道路・橋梁の整備や支城の普請といった領内の整備を行うとともに、浪人を抱えるなど防備を整えた。こうした景勝の動静は、出羽仙北郡（秋田県）の戸沢政盛より家康に報じられた。

翌五年正月、信吉は主君・上杉景勝の代理として正月の賀詞を述べるため大坂へ上り、秀吉の遺児・秀頼、それに西の丸の徳川家康に新年の挨拶をした。このとき、家康は安芸宮島（広島県廿日市市）で徳川と上杉との争いを鎮めてくれた謝礼として、信吉に「青江直次の御腰の物、銀百枚、小袖二十枚」（「東国太平記」二、「会津陣物語」）を贈るなど好意的に接している。一方、景勝の行動を疑い、藤田の代参では満足しなかった家康は、景勝に上洛のうえ共に国事を議すべきこと、また、豊国神社もできあがったので参詣に来るよう信吉に伝えたという。いわば、上杉家と縁戚関係にあった信吉に、家康は徳川と上杉の調停を頼んだのである。

その頃、上方では景勝の行動についていろいろと風評が取り沙汰されていた。このため、正月中旬、山城伏見の留守居である千坂景親《ちさかかげちか》も上方の情勢を報告し、「家康はすこぶる疑念を抱いているので、それを払う努力をすべき」と景勝に申し送った。また、豊臣秀吉が没したとき、信吉は景勝の代理で弔使を勤め上洛したという説がある（「藩翰譜」「野史」「三百諸侯」）。この折、豊臣政権の大老徳川家康に面接している。家康は宮島での一件を感謝したうえで、信吉に名刀・黄金・小袖などを贈ったというが、景勝も上洛しており、信吉が景勝の代理で弔使したとは考えにくい。

会津を出奔し江戸に奔る

会津に帰国した信吉は上方の情勢を伝え、景勝の上洛の必要性を強く説いた。信吉は上杉家のためを思って主君・景勝に対して反徳川方の石田三成に応ずることに反対し、家康との融和を勧めたが、景勝は聞く耳を持たなかった。慶長四年（一五九九）九月、家康は前田利長に対して謀叛の嫌疑をかけ、利長の母・まつを人質として差し出させることで一件を落着させている。いわば、家康は有力大名に対して喧嘩をふっかけ、謝罪させることで自分の権威を高めようとしていた。信吉は景勝に安易に挑発に乗らぬよう諫言したのだ。

ところが、景勝は上方の風評にはまったく耳をかさず、居城の会津若松城が手狭であることを理由に、二月上旬から会津若松城の西南、神指原《こうさしはら》（福島県会津若松市）に新城の築造工事を開始した。総奉行は直江兼続、工事人夫は会津四郡・仙道七郡はいうに及ばず、遠く越後・佐渡・庄内などからおよそ十二万人余りを集めたという。

二月十日、越後の堀秀治《ひではる》は、徳川家康の将である榊原康政に対し、「景勝天下の諸浪人を召し抱へ、神指野に新城を取り立て、口々道橋を作事し、武具・馬具・弓・鉄砲用意仕られ候ふ儀、分限に不相応と存じ候ふ事」と、これは謀反の準備ではないかといち早く報じた（「上杉家記」）。堀家では、上杉家が会津へ転封の際に堀家が受け取るべき年貢の半分まで取り立てておきながら、一向に返還しないのを憤り、しきりに会津の情勢を偵察していたのだ。これによって、家康は景勝の行為を豊臣の天下への謀叛とみなそうとした。

三月十三日、景勝は諸将を会津若松城に集めて謙信の二十三回忌法要を行い、上杉軍団の結束を図った。この頃、和平路線の信吉への上杉家中の風当たりが強くなった。とくに、この正月に家康から藤田信吉に贈物があったということが上杉家中に知れわたると、好戦派の直江兼続は「藤田は家康に買収され内通している」と景勝に讒言し、まず信吉を上杉軍団の先鋒から外すなど恥辱を与え、さらに信吉を誅せんことを勧めた。この頃の信吉の立場は、豊臣秀頼と徳川家康の間で和平のため尽力した片桐且元《かたぎりかつもと》の立場によく似ている。「御所（家康）の懇意を受け、御腰の物金銀等拝領せし事露顕し、内々誅せらるべき様子なりけるにより」（「東国太平記」二）、十五日、孤立して身の危険を感じた信吉は、「上杉家に二心のない旨」の起請文を書き残し、妻子を連れて会津を出奔した（「藩翰譜」）。

上杉軍団の有力武将・藤田信吉の出奔事件について、家康が強力な上杉軍団の力をそぐために仕掛けた策略で、まんまと上杉主従が引き裂かれたという見方もある（『福島市史』二）。なお、「藩翰譜」は次のように記す。

かかる所に景勝、石田治部少輔三成等と言ひ合はせたる旨あって、東西に分かれて一時に軍起こさんとす。信吉、是を強ちに諌めしに、直江兼続が為に讒せられて誅せらるべしと聞こゆ。信吉、大きに恨みて、おのが家に二心あらざる由の起請文書きて残し置き、慶長五年三月十三日、会津を去りて都に登り、大徳寺に籠り居て入道し、源心とぞ号しける。（傍線は著者）

そして、信吉は津川城より神指城へ移動させられたとする資料もあるので、信吉は兼続の讒言により津川城代も罷免されたのかもわからない（「直江支配長井分限帳」（「上杉分限帳」）。

また、病のため那須湯治を願い出たことを疑われたともいう。

此後は景勝も直江もいよいよ藤田は二心有と疑ひ「是まで藤田と上田主水両人をして、諸浪人を抱へさせしが、藤田は内府へ対し先鋒は斟酌《しんしゃく》と見えたり。頃日抱たる浪人共は差上て、他役を願ふべし」と申ければ、藤田大に憤り「某天正以来佐渡退治新発田攻を始とし、当家の先手として、軍功天下に称せらるる所なり。切腹仰付らるるとも、先手を他人にゆづる事仕難し」と申切。とかくする間に、藤田肺疾おこり那須の温泉に浴せん事を願しかば、藤田温泉の願して当家を出奔するなりと風説あり。然らば討手をつかはせとて、穂村造酒之丞二百人計にて、白川口まで追かくる。藤田は罪なくして逆心の名を取ん事口おしと起証文一通を書置し、三月十三日夜中会津を立退き、白川より那須へかかり江戸へ出て上洛し、大徳寺に入て薙髪し源心と号しける。

（「改正三河後風土記」。傍線は著者）

出奔日を本書では三月十五日としたが、三月十一日（児玉彰三郎『上杉景勝』）、三月十三日（「藩翰譜」「改正三河後風土記」）、三月十四日（「北越太平記」「北越耆談」「三公外史」『福島市史』）、三月十五日（「会津陣物語」「越後名寄」）の諸説ある。

信吉の出奔は慌しく強行軍であったようで、「会津陣物語」第一巻に「十五日ニ藤田能登守俄《にわか》ニ会津ヲ立退《たちのき》、妻子ヲ引ツレ坂東道百六十里七〔上方道廿八里〕一日一夜ニ馳過《はせすぎ》野州奈須（栃木県）へ懸《かけ》入《いり》、ソレヨリ江戸へ参リ、無程《ほどなく》上方へ上リケル」とある。同二十日、信夫郡大森城代栗田国時《くりたくにとき》が二本松温泉（岳温泉）に入湯を口実に暇を乞い、妻子を引き連れて出立した。ところが、実は藤田としめし合わせ江戸旗本勤めを希望して出奔を企てたことが発覚した。そこで、岩井信能・木戸監物・平《ひら》林《ばやし》正恒《まさつね》らは藤田・栗田を追撃し、栗田国時を福島伏拝《ふくはい》（福島市）で討ち取ったが、藤田信吉は取り逃がした。

一族郎党三百人余りを引き連れて上杉領から脱出した信吉は、三月二十三日に江戸へ入り、上杉と徳川との調停に尽力したが適わなかった旨を徳川秀忠（一五七八～一六三二）に伝えた。これを秀忠は早飛脚で大坂の家康に報せた。家康は越後の堀秀治らの訴えもあり、景勝の逆心は決定的と難癖をつけ、景勝に上洛して弁明するように強く求めた。しかし四月、景勝は家康の上洛の命を拒否した。このときの有名な「直江状」の中で、兼続は藤田信吉が上洛したことは「万事存ずべく候」（承知している）、「景勝罷り違ひ候か、内府様御表裏か。世上の沙汰次第に候」と家康に挑戦している。

家康は、ついに景勝を謀叛人とみなして慶長五年五月三日、諸大名に会津征伐を命じた。六月六日、諸大名を大坂城西丸に集め、会津征伐の担当と進路を決めた。白河口（大将、徳川家康・秀忠）・仙道口（大将、佐竹義宣）・伊達信夫口（白石口、大将、伊達政宗）・米沢口（大将、最上義光）・津川口（大将、前田利長・堀秀治・村上頼勝ら）の五口であった。なお、信吉の会津出奔後に上杉征伐が始まったことから、信吉は家康に景勝の謀叛を訴えたと解釈する書も多い（①～⑤）。

①「藤田能登守上洛事、三月廿三日ニ藤田能登守ハ這々江戸へ落着景勝逆心ノ旨申上シカハ秀忠卿ハ委細ニ被召聞居候能登守カ口上一ツ書ヲ以早飛脚ヲ大坂へ被為上其跡ヨリ能登守モ上リケレハ内府公モ藤田カ一ツ書ヲ備前中納言秀家并奉行中へモ見セラレ此上ハ家康向テ退治可仕ト宣ケル」（「会津陣物語」『改定史籍集覧』14）。

②「上杉の家来藤田能登守と云者景勝の心に違て会津を退京へ馳上り。上杉逆心の様をぞ訴へける。依て之に御所より伊奈図書を使節として仰ける云々」（「北越太平記」）。

③「同廿三日江戸へ落着公（景勝）ノ御隠謀ノ旨言上ス新将軍家ヨリ口上ノ一書ヲ以テ大阪へ上セラル藤田モ跡ヨリ罷登ル」（「三公外史」『福島市史資料叢書』13）。

④「景勝家来藤田能登守は景勝気に違会津より京へ立退景勝逆心と訴る」（「武辺咄聞書」）。

⑤「此時上杉の家臣藤田能登守景勝が心に背きし事ありて、会津を退き京師に来り、景勝逆意の事ありと讒せしより事起りて、神祖御出馬ありて」（『塩尻』74『日本随筆大成』〈第三期〉16）。

京都大徳寺に蟄居

信吉は上杉家と徳川家の調停に奔走したが、失敗したのである（『戦国人名事典』）。結果的には上杉征伐、関ヶ原の戦いの引き金を引いたことになった。江戸より上洛した信吉は京都大徳寺《だいとくじ》（京都市北区）に入り剃髪、源心と号して大徳寺塔頭《たっちゅう》の金龍院《きんりゅういん》（現在、廃寺）に蟄居した（「藩翰譜」「系図纂要」ほか）。金龍院は飛騨高山城（岐阜県高山市）主・金森長近《かなもりながちか》が、織田信長の追福のため伝叟を請じて創建した寺院である。

家康は会津征討に向かうため、大坂を発って伏見城（京都市伏見区）に入った。そこで家康は、「公（家康）乃ち秋元を以て召し出されて尤も懇遇たり」（「武家事紀」）と、信吉と知己の秋元長朝《あきもとながとも》（一五四六～一六二八）と阿部正勝《あべまさかつ》（一五四一～一六〇〇）を信吉の元に派遣して徳川に仕えるよう説得させ、下野国那須十万石を恩賞とするので会津への道案内を求めた。しかし、信吉は直江兼続の流言によって仕方なく上杉家を出奔したものの、「上杉家に対し二心なし」として同道を辞した。家康は、さらに重ねて本多正信《ほんだまさのぶ》（一五三六～一六一六）を使者として送り、「誠に上杉に二心なしというのであれば、徳川に仕えて、上杉の家が全うするよう尽力すべき」と伝えた。根負けした信吉はこれに応じ、上杉征伐には加わらないが、徳川に身を置くこととなったという（「藩翰譜」「三百諸侯」）。「藩翰譜」は、次のように記す。

かかる所に、景勝が軍起こりぬと聞こえて、追討の為、徳川殿大坂を御立ちあって伏見の城に入らせ給ひ、能登入道源心が許に御使あって〔阿部善九郎、秋元越中守〕、下野国那須の地を下し賜ひて〔十万石〕、東国の御道しるべ仕るべし、と仰せ下さる。入道承りて、抑、入道が上杉が家を立ち去りし事、如何にもして讒人の訴ふる所を申し抜き、我二心なき事を顕はさんが為に、暫し其の禍を避けし所なり、されば今御陣に召されん事、望む所に侍らはず、と辞し申す。重ねて本多佐渡守正信、御使を承りて、信吉誠に汝が主に二心なからんには、すべからく早く召しに随ひて御陣に参り、いかにもして彼の家滅びざらんやうを謀るべし、かくて彼の家亡びたらんには、此の後、誰がために其の忠を致すべき、汝が主、速かに本謀を改めて事平らがん、其の後は汝が辞せし所をば、仰せ伝へらるべき所なり、とありしかば、此の上はとて見参し、其の謀を運《めぐ》らす。

関ヶ原合戦で伊達方に応じる

七月二十四日、徳川家康の率いる会津征討軍は下野国小山《おやま》（栃木県小山市）に着陣した。ここで家康は、上方において七月十七日に石田三成（西軍）が挙兵したことを知る。翌二十五日、諸将を集めて小山評定を行い、三成を討つために家康ら（東軍）は反転する。そして、両軍は九月十五日に関ヶ原（岐阜県関ヶ原町）で激突、東軍が大勝した。いわゆる関ヶ原の戦いである。

関ヶ原合戦で東軍が勝利したという知らせを聞いた伊達政宗は好機到来とばかり、十月、約二万余の兵で上杉領の伊達郡・信夫《しのぶ》郡（いずれも福島県）へ侵攻の兵を発した。伊達政宗は梁川城《やながわ》（福島県伊達市）を攻めるだろうとの報があり、福島城（福島市）代・本庄繁長《しげなが》は梁川に部将を送り、景勝もまた、

福島城跡の石碑　福島市

米沢から水原親憲《すいばらちかのり》・大関常陸・芋川縫殿らを福島に派遣した。庭坂村の土豪たち五十余人が蜂起して、水原たちの福島入城を妨害しようとしたが、たちまち平定された。この地方は伊達の旧領であったので、伊達方の策謀に乗りやすかったのである。

政宗率いる伊達軍は、梁川城を攻めることなく福島城に迫った。会津に残っていた藤田の家臣たちは、信吉の会津出奔事件は直江兼続の讒言によるものだとし、不満がくすぶっていた。そこへ伊達政宗の侵攻である。藤田家臣の斎藤兵部なる者、手回りの馬上十二騎を率い鉄砲五十挺をみやげに、信夫・伊達郡の農民四千人をそそのかして内通、また、直江兼続配下の鉄砲頭である極楽寺内匠や、福島の検断黒沢六郎兵衛・問屋野辺六郎兵衛・山伏金剛院および町人三十四人が心を合わせて永井川の橋を引き落とし、連判を調えて政宗が福島に攻め寄せたならば、こぞって忠勤を励むべき旨を申し出た。

政宗は福島城近くの信夫山（羽黒山）麓の黒沼神社に本陣を構え、その頃、まだ信夫山の南側を流れていた松川を挟んで福島城と対峙した。しかし、十月六日、梁川城の須田長義に背後から奇襲を受け、伊達軍は総崩れとなり敗走した（松川合戦）。

第七章　徳川大名となる

下野西方一万五千石の大名となる

家康は関ヶ原の戦いで勝利した。信吉はあくまで上杉家の存続と上杉家への帰参を願っていたが、「しばらく我が元に居れ」と再三にわたって家康の声がかかり、慶長五年（一六〇〇）九月、信吉は下野国西方《にしかた》（栃木県栃木市）で一万三千石、その妻に化粧田二千石、合わせて一万五千石を与えられた（「藩翰譜」「系図纂要」「三百諸侯」）。化粧田二千石とは多い。家康が信吉の妻を目にかけていたことがうかがえる。家康は武田信玄を崇拝しており、後日、徳川幕府は海野竜宝の子の顕了《けんりょう》の孫である武田信《のぶ》興《おき》を召し出し、五百石の高家《こうけ》旗本に取り立てている。そのことから、この妻は海野竜宝の娘であった可能性が高い。家康は、信吉の真田・上杉と縁戚関係による窓口としての利用価値と、信吉の戦術家・築城家の能力を買っていたのであろう。

いずれにしても信吉は、ついに人生初めての独立大名となり還俗して諱《いみな》を重信《しげのぶ》と改めた。「重」は藤田家嫡流で使用される名乗りであり（「管窺武鑑」）、これで藤田家の正統・嫡流を主張したのであろう。また、忠季《ただすえ》とも称したようだ（「寛政重修諸家譜」）。なお本書では、以降も信吉で統一する。

ところで、下野西方を与えられた年代については諸説ある。「恩栄録」は慶長五年、「徳川加封録」は慶長六年、「西方記録」には「慶長八癸卯年より元和二丙辰年迄拾四年の間藤田能登守信吉の領地為り。古城山《こしろやま》東面の出城跡を設え居住す」とあり、慶長八年としている。本書では、慶長五年説を採用しておく。

藤田信吉は、西方氏時代の古城山（西方城）の東面出城跡に陣屋（二条城。栃木市）を築いて居住した（「西方記録」）。西方地方支配のため、西方氏の旧臣である藤平・三澤・中新井氏を家臣に登用した（『西方町史』）。また、城下町の構築や治水工事を行い、藩政にも意を用いたという（竹村紘一『戦国越後の武将列伝』）。『栃木県の地名』には、古宿《ふるしゅく》村（栃木市）・中宿《なかしゅく》村（同）・大沢田村（同）・新宿《あらじゅく》村（同）はいずれも城下町整備にあたり成立したとする。また、新田開発にも力を注いでいる。信吉の時代に成立したのが金崎村（栃木市）である。慶長十二年（一六一七）、藤田信吉は鮎《あゆ》田《た》播磨助が柴村（同）から五〇戸を移して開発した小倉川西岸沿いの氾濫原を柴村から分村させ、金崎村とした。のちに「木の宮」三十石も金崎村に編入された。そして同年、金

西方町の概要図

崎村の住人鮎田氏に命じて火結の神を祀る愛宕神社を建立したという(『栃木県の地名』『西方町史』)。なお、信吉は下野西方ではなく、下野烏山《からすやま》を与えられたとする書もあるが(①〜④)、これは誤伝であろう。

①「関ヶ原御一戦の後、烏山城一万八千石を、藤田に下され」(「北越耆談」『上杉史料集』下)。

②「会津立除江戸に至り徳川家康に仕へ一万八千石にて野州烏山城主となる」(「福島城相伝」『岩盤史料叢書』上)。

③「藤田ハ徳川家江被召出、野州烏山城ニ被差置、秩一万石賜之と云」(「紹襲録」『福島市史』資料編2)。

④「藤田ニ御所ヨリ一万八千石ヲ下サレ野州烏山ノ城主トナル」(「三公外史」『福島市史資料叢書』13)。

また、上野三ツ山城より移封されたとする異説もある。

景勝と和談

上杉景勝は、関ヶ原の合戦後も容易に降伏をしなかった。慶長五年(一六〇〇)十一月三日、景勝はようやく和平の議を決し、本庄繁長を上洛させ、伏見留守居役・千坂景親《ちさかかげちか》らが旧知の家康側近・本多正信らに必死の工作を行った。家康は景勝を許し、上洛を促した。翌六年七月一日、景勝は会津を出発して二十四日に伏見邸に着き、そして二十六日には大坂城西丸で家康と対面した。その結果、八月十六日、景勝は会津百二十万石から米沢三十万石に減封されたものの、改易だけは免れた。上杉家の存続が許されたのである。

記録はないが、「いかにもして彼（景勝）を家滅びざらんやうを謀るべし云々とありしかば、此の上はとて見参し、其の謀を運《めぐ》らす」（「藩翰譜」）とあり、信吉もこの上杉家存続のため何らかの運動をしたのではなかろうか。そして「もともと二心があって上杉家を裏切ったわけではないので、叶うものなら帰参したい」と家康に願い出た。そこで、家康は信吉を景勝に引き合わせた。景勝は「その方の気持ちはよくわかった」と理解を示しながらも、「今の上杉家は小禄なので、満足な知行を与えることはできない。今後、大身に加増されたら帰参を認めよう」と約束した。このため、信吉は西方一万五千石に据え置かれたという（武山憲明『直江兼続の謎』）。いずれにしても、その後も上杉家は加増されることはなく、信吉の上杉帰参は実現することはなかった。「管窺武鑑」は次のように記す。

又上意に、上杉家へ帰参の儀、存じ留り候はゞ、前廉仰出されたる如く、那須に於て、十万石下さるべしとの御事なり。藤田申上ぐるは、景勝、小身にても苦しからず候。私も其相応に罷在るべく候。帰参仕り候へば、本望にて御座候と申上ぐる。江戸にて景勝登城の節、藤田を召出され、御引合せなされ、藤田内心の通、如何にも詳に景勝へ、権現様御物語遊ばされ候。夫より景勝公、御心底解け、藤田へ御懇なり。権現様、重ねて又仰聞けられ候は、景勝へ段々申達し、藤田心中の義理は、相済み候なり。さあれば、上杉家へ帰参達せざる事なり。景勝小身なれば、相応程知行与へらるゝ事なるまじ。以来景勝を、大身に申付けての上に帰参然るべしと、御直に上意にて、御留めなされ候。
附景勝へ、本領御返しなされず、其内、藤田堪忍分にて差置かせられ候故、十万石下されず、上杉家へ帰参も仕り得ず、剰へ、大坂御陣以後、御科を蒙り候」

（「管窺武鑑」『越後史集』地）

水戸城の大堀切　水戸市

常陸水戸城を守る

ところで、常陸国水戸城（水戸市）五十四万石の太守・佐竹義宣《さたけよしのぶ》（一五七〇〜一六三三）は、関ヶ原の戦いで西軍に加担する動きをしていた。このため、慶長七年（一六〇七）五月八日、上洛中で伏見にあった義宣は徳川家康から突然の国替えを命ぜられ、五月十七日、出羽秋田（秋田市）への転封を命ぜられた。この突然の飛報に驚愕した国元の状況を「国典類抄」に、「俄《にわか》の事に候へば、大身小身ともに騒動肝《きも》を消し申候」と書いている（『佐竹氏物語』）。

水戸城請取の正使であった花房道兼《はなぶさみちかね》・島田利正《しまだとしまさ》は、六月九日には水戸に到着した。徳川家康は佐竹氏の国替えを重視して、接収前後の責任者として本多正信・大久保忠隣《ただちか》の二人の実力者を派遣した。

本多・大久保は強力な部隊を引き連れ、六月十三日には笠間（茨城県笠間市）に着陣した。佐竹家では水戸の留守居役の東義堅《ひがしよしかた》と小貫頼久《おぬきよりひさ》らがこれに立ち会って、無事に六月十四日に水戸城、翌十五日には太田城（同常陸太田市）の引き渡しが行われた。そして、佐竹家臣団が立ち退いた城には、譜代大名や旗本の手勢が置かれた。水戸城へは松平康重・松平一生・藤田信吉・土岐《とき》定義・由良貞繁《ゆらさだしげ》など、太田城へは松平（戸田）康長、府中城（同石岡市）へは松平信吉が、それぞれ派遣された（『水戸市史』上）。

佐竹家の転封に反対する佐竹家臣団もいた。その急先鋒が車斯忠《くるまつなただ》で、斯忠は徳川家康の会津征伐の際に佐竹家を離れ、上杉景勝の下で陸奥国福島城（福島市）などを守備するといった反徳川の急先鋒でもあった。関ヶ原の役後、斯忠は佐竹家に復帰していた。

常陸では七月上旬頃、京都になにか不慮の事件が起こったとの噂が流れた。本多正信・花房道兼・島田利正らは急ぎ江戸へ戻り、水戸・太田など守備の徳川勢がにわかに引きあげ始めた。このことが人心を動揺させ、佐竹家臣では秋田引越をためらった者もあった。噂は「内府（家康）俄《にわか》に薨《みまから》ずと偽り、密に水戸城を奪はんとす」（「義宣家譜」）と、車斯忠・大窪兵蔵・馬場政直らのデマで、この機に乗じて水戸城奪還を企てたのである。七月大雨の夜、牢人・町人などを引き連れ、松平一生在番の三之丸町口の大門まで押し寄せ、開門を迫った（車丹波一揆という）。那珂川向岸にも一味の者が集まったが、大雨のため増水した河に流されて何事もなしえなかった（「義宣家譜」）。

水戸城では藤田信吉も加わり一揆勢を防ぐ。そのうちに笠間城より松平康重が駆けつけたので、一揆勢は敗退した。車斯忠らは捕えられ、十月、水戸で磔刑に処せられた（「三百諸侯」「管窺武鑑」）。これによって旧佐竹領は静謐となった。家康は信吉の功を賞し、信吉の元へ水野右監物を上使として遣わし、毛利鴇毛《ときげ》の御馬（毛利家が献上した名馬）などを褒美として下賜した（「管窺武鑑」）。

藤田信吉（重信）は、常陸の新領主となった武田信吉（家康の五男）が二十八万石で十一月二十八日に入城するまで水戸城を守った。「慶長七年壬寅五《（七カ）》月守常州水戸城」（「断家譜」）とある。

徳川秀忠から黒印状を拝受する

慶長八年（一六〇三）二月九日、藤田信吉は西方氏の旧臣・中新井九右衛門に七十石の知行を与えた。

【藤田信吉知行宛行状】

知行方

一、弐拾石　大澤田（栃木市西方町本城字大沢田）之内

一、五拾石　大内川（小山市大本・大内川）之内

以上七拾石

慶長八年

二月九日　信吉（花押）

中新井九右衛門との

（「三澤毅家文書」。江田郁夫『下野の中世を旅する』）

これによると、西方藩領が現在の小山市西部の大川内にまで及んでいたことがわかる。

同年二月十二日、徳川家康は征夷大将軍に任ぜられ江戸幕府を開いた。同九年七月には家康の子・秀忠に嫡男・竹千代（家光）が生まれた。同十年（一六〇五）四月、秀忠が二代将軍に就任した。藤田信吉はお祝い事の続く将軍秀忠に対し、五月五日の端午の祝い（佳兆《かちょう》）として帷子《かたびら》を献上した。これに対し、秀忠は五月四日、礼状を信吉に送り、詳しくは本多正信が伝えると知らせている。

【徳川秀忠黒印状】

為端午佳兆《かちょう》、帷単物《かたびらひとえもの》数三到来、悦思召候、猶本多佐渡守（正信）可申候也、

五月四日　（黒印　印文「忠孝」）

藤田能登守とのへ

（「三澤毅家文書」。江田郁夫『下野の中世を旅する』）

江戸城増修築普請での出来事

慶長九年（一六〇四）六月一日、幕府は全国の諸大名に天下普請として江戸城（東京都千代田区）普請の大工事を命じた。石垣用の巨石を伊豆から運搬するための石舟の調達を池田輝政・加藤清正・福島正則など西国の外様大名らに命じた。郭の石垣工事は同十一年三月から開始され、同年九月には落

成した本丸に新将軍秀忠が入った。同十二年には五層の天守閣が落成する。十六年から十七年にかけて西丸修築工事が行われている。

「管窺武鑑」第九巻によると、藤田信吉は上州厩橋城（前橋市）の城主の「酒井雅楽頭御普請組にて」江戸城増修築工事に加わったという（当時の厩橋城主は酒井重忠で、重忠は雅楽頭を名乗っておらず、また「寛政重修諸家譜」の「酒井重忠譜文」に普請工事関連の記事がないため詳しくは不明）。この普請現場で信吉は夏目定吉《さだよし》（信吉の旧臣）が酒井家に仕え、その奉行として働いている姿を目にした。定吉は初め新七郎定包といい、幼少の頃より信吉の寵愛を受け成長した。天正十二年（一五八四）七月七日の十六歳のとき、信吉の一字を賜り軍八定吉と称した。また、信吉とは姻戚関係にもあったが、二人の間に揉め事（内容は不詳）があって藤田家を放逐されたようだ。

その後、しばらく上杉景勝に仕えていたが、上杉家の米沢移封に従わず牢人し上州に住む。慶長六年（一六〇一）三月に厩橋城主となった酒井重忠がこれを召し抱えた。信吉にとって定吉は許し難い男であったようで、定吉を目にした翌日、酒井家に苦情を訴え酒井家から追放させている。このように、信吉は執念深い一面もあった。一方の定吉は信吉を恨まず、その後も信吉を慕い続けたという。

相模小田原城を守る

江戸時代初期の慶長期、江戸の将軍秀忠と大久保忠隣（相模国小田原城主）、駿府の大御所家康と本多正信による二頭政治が行われていた。そのなかで武功派大久保忠隣と文官派の本多正信、この両者の争いは日増しに度合いを深めていた。慶長十九年（一六一四）正月五日、忠隣はキリシタン禁圧の総奉行として京都に向かって出発した。正月十七日、京都に着いた忠隣は藤堂高虎の屋敷に宿し、キリシタン追放に専心した。

小田原城　神奈川県小田原市

だがそれは、小田原城（神奈川県小田原市）から忠隣を引き離すための罠であった。武功派の忠隣が小田原にいては、場合によっては籠城して激しい抵抗を示すかもしれない。これを防ごうとしたのであろう。正月十九日、幕府は忠隣の改易を決定、小田原城に安藤重信を派遣した。城の請け取りは藤田信吉と秋元泰朝《あきもとやすとも》、御目付は稲垣平右衛門に命ぜられ、信吉は小田原に出向いた（「管窺武鑑」）。

巷説によれば、馬場八左衛門という男が家康に「忠隣が豊臣氏に内通している」と直訴したことが処分のきっかけとなったといわれる。ただ、正式な罪状は幕府の許しを得ずして山口重政の嫡男・重信に養女を嫁がせたことであった。執政の身にして幕法を破った罪は重いというのである。忠隣の子どもたちも連座し、士籍を剝奪され蟄居処分となった。また、忠隣の家臣団はことごとく追放されることになった。

武功派の筆頭が御家取りつぶしになるという一大事ゆえ、なんと、駿府城から家康がわざわざ小田原に出向いていった。同じく秀忠も江戸城から小田原へ向かった。こうして二人は、正月二十四日に旅館において密談に及んだ。このとき側にいることを許されたのは家康に信頼の厚い藤堂高虎と、もう一人は本多正信であった。話し合いの結果、翌二十五日に小田原城の外郭石垣の破却が決まり、家康と秀忠も小田原城の本丸に入った。二十七日に秀忠は江戸へ帰った。家康も帰途についたが、忠隣一派の襲撃を警戒してか、ものすごい重武装で行軍したと伝えられる。

家康は、正月二十五日付で本多正信・安藤重信・土井利勝の三老を通じて京都の忠隣の元に改易を報せた。その後、忠隣の身柄は井伊直勝に預けられ、近江国彦根（滋賀県彦根市）に蟄居となった。忠隣はそのまま許されることなく、寛永五年（一六二八）に配所で没した。七十六歳だった。

正月二十六日早朝、安藤正次を奉行とし、藤田信吉・浅野長重などが江戸と駿河から集められた軍勢を使って小田原城の大破却を行った。「駿府記」に、「よって、江戸、駿河の諸卒、石垣を崩し、大門を壊つ」とあるので、秀忠と家康に従ってきた江戸・駿河の将士がこの破却にあたったようだ。

その後、小田原城は幕府直轄の城となり、慶長十九年（一六一四）までに藤田信吉・安藤重信ら十三名が城番として派遣された（『日本の古城』3）。

安房館山城の請け取りに出陣

安房館山城（千葉県館山市）の城主は里見忠義《さとみただよし》（一五九四〜一六二二）という外様大名である。関東の一角にいる外様大名の存在は幕府にとって不安材料の一つであった。忠義は、ほしいまま城郭を修補し、要害を構え浪人を召し抱えていた。これに目をつけた幕府は、里見家の家臣の数が多すぎることなどを指摘し、慶長十九年（一六一四）九月九日、江戸にあった忠義に対し大久保忠隣に連座のかたちをとって安房一国を没収し、伯耆国倉吉《くらよし》（鳥取県倉吉市）三万石への移封を命じた。忠義の室は忠隣の娘であった。九月十日、藤田信吉・内藤政長（上総佐貫城主）・本多忠朝（上総大多喜城主）・松平（戸田）康長（常陸笠間城主）・西郷延員《さいごうのぶかず》（下総小弓城主）・日根野吉明《ひねのよしあき》（下野壬生城主）など、数十人の大名（その合計総高は三十二万石）に館山城請け取りの出陣の命が下った。この軍勢の総指揮官は内藤政長であった。信吉は小田原城を松下石見守に引き渡し出陣する。九月十三日、江戸を出発、十六日には幕府軍は館山城を包囲した。

館山城　千葉県館山市

幕府は、里見家が戦国以来の武勇を誇る家柄なので、家臣が館山城に籠城し頑強に抵抗することを予想していた。「当代記」巻九に「安房守家老之者、若《もし》難渋に及び城抱《かかへ》は、責殺すべしと也」と、もし里見家臣が城に籠もって抵抗したならば、攻め殺せと命じたと記す。江戸に主君を人質に取られている里見家臣は抵抗しなかった。思慮深い重臣たちは一部の軽率な家臣の反抗を抑え、もっぱら恭順の意を表し、無事に城を引き渡したという（川名登『房総里見一族』）。

館山城の請け取りが終わると、ただちに城の破却が行われた。建物が壊され、堀は埋められた。大磐石をもって堅牢に築城した城郭のため、容易に取り崩すことができず、九月二十七日に至ってようやく破却が終わった。そして在番として内藤政長・西郷延員・藤田信吉らを残し、請け取りの兵は引きあげた（「管窺武鑑」ほか）。ちなみに、「武徳編年集成」は次のように記す。

是日里見忠義が闕国安房請取トシテ内藤左馬介政長・本多出雲守忠朝・松平丹波守康長・藤田能登守信吉・西郷孫六郎延員・日根野織部正吉明・那須（資景）・大関（政増）・太田原（晴清）・福原（資保）・芦野《あしの》（資泰）・千本《せんぼん》（義定）・岡本（義保）・伊王野《いおうの》（資友）・戸沢（政盛）・六郷等総テ高三十二万石ノ公役ヲ以テ人数ヲ差遣ハサル、此輩或ハ館山ノ城郭ヲ割崩シ或ハ国中ヲ鎮衛スベキ旨釣命ヲ蒙ル。

第八章　信吉の死と藤田家改易

豊臣秀頼征伐のため大坂へ出陣

徳川家康は大坂の豊臣秀頼征伐を決め、慶長十九年（一六一四）十月七日、藤堂高虎などに先陣を命じた。館山城（千葉県館山市）に在番していた信吉にも出陣の命が下った。この頃には信吉のような実戦経験豊かな武将は貴重な存在だったのだろう。信吉は館山城を発って領国の下野国西方（栃木県栃木市）に戻り兵を整え、大淵喜右衛門に留守を任せ出陣した（「管窺武鑑」「武徳編年集成」）。「武徳編年集成」慶長十九年十月七日条は次のように記す。

御使番小栗又一忠政ハ勇功ノ誉有故三千俵ノ恩禄有リ且当時房州ノ在衛藤田能登守信吉モ嚮ニ上杉家ニ於テ鋭武ノ称有故是ヲ召テ忠政ト同ク監軍タルベキ旨御諚ヲ蒙ル。

十月十日、家康は駿府から出陣、二十三日には京の二条城に入った。同日、秀忠は江戸を出発し、十一月十日に伏見城に入った。「台徳院殿御実紀」巻二十九では、信吉は「酒井雅楽頭忠世《ただよ》の率いる五番隊に編入され、細川興元・牧野忠成・脇坂安信などと共に、秀忠に供奉したという（「慶長日記」では信吉は本多佐渡守組に属したとある）。

博労淵砦の戦い

豊臣方は、木津川沿岸の守備のため木津川口砦（穢多《えた》ケ崎、江田ガ崎。大阪市西区）と博労淵《ばくろうぶち》砦（同）の二つを築き、木津川口砦には明石全登《あかしてるずみ》、博労淵砦には薄田兼相《すすきだかねすけ》を守将に米村六兵衛・平子正貞《ひらこまささだ》ら兵七百余りで守備させていた。この木津川河口一帯の砦の攻防の主役をなしたのは阿波徳島（徳島市）十八万石の蜂須賀《はちすか》至鎮《よししげ》（一五八六～一六二〇）の部隊であった。蜂須賀家ら豊臣恩顧の大名は、この大坂攻めでは疑惑の目が向けられていたため積極的に動いた。

十一月十九日未明、蜂須賀至鎮は木津川口砦を攻め落とし、つづいて博労淵砦を攻略したいと思っていた。博労淵とは木津川の中州、狗子島《いぬこじま》の東にあたる沿岸一帯である。その頃、徳川家康は藤田信吉に博労淵砦を偵察させていた。信吉は砦の備えの様子を見て、「攻めれば、五、六日も持たない。願わくば小笠原秀政・浅野長重らと攻めさせてほしい」と、砦攻略の担当を願い出たが、家康は「藤田は数度の武功の働きがある、ここは若い者に譲れ」と命じたという（『管窺武鑑』）。

徳川家康画像　東京大学史料編纂所蔵模写

家康はさらに永井直勝・水野勝成らに偵察させた。偵察を終えた永井直勝は「藤田の申す旨違いなし」と復命する（『寛政重修諸家譜』）。そこで家康は直勝・勝成らに命じて狗子島に仕寄（塹壕・攻城施設）を築かせ、大筒をもって砦を撃ち崩すよう命じた。仕寄は十一月二十八日に完成し、勝成はこれを家康に報告している。これを知った蜂須賀至鎮は勝成に手柄を独占されることを嫌い、木津川口に仕寄を構築し攻撃準備に取りかかった。

翌二十九日朝、蜂須賀至鎮・池田忠雄・石川忠総ら寄手が博労淵砦に攻め寄せた。このとき、砦の主将薄田が、要害を恃み、前夜から神崎の遊女屋に泊まりこんで不在だった。そのため、石川・蜂須賀の兵士が穢多ヶ崎から船十数隻を操って攻めかかると、守備兵は統制が取れず、平子主膳らは、不意の攻撃に驚いたせいか、敵兵の数を過大評価し、大軍が攻め寄せたと勘違いし、あわてて砦を捨てて敗走してしまった。しかも、平子は、葦原に逃げ潜んでいたところを池田家臣の横川重陳に討ち取られている。薄田兼相はこの失態により、味方から「橙武者《だいだいむしや》」と嘲笑された。これは橙が、「見た目は美しいが、酸味が強く食べられないので飾りにしか使えない」というところから転じて「兼相は見た目は立派だが、役に立たない」という意味である。

また信吉は、攻めやすくするために天満川を浅くするという策を進言して採用されるなど、活躍している（「管窺武鑑」「名将言行録」）。

此役、信吉諸方を巡見して曰く、堤川を切違ひ、神崎川、中津川へ水を落し、其川下に乱杭を立て柵を振り、土俵、或は石材木を沈めて水を堰《せ》き塞ぎ候はゞ、天満川浅く成りて、味方の仕寄自由なるべしと。家康則ち伊奈筑後守に命じて、信吉の策の如くせしかば、攻むるに便善《たよりよ》かりしとぞ。

（「名将言行録」）

軍監として失態を犯す

慶長二十年（一六一五。七月に元和に改元）の大坂夏の陣では、「藤田武功の勇士たるを以て、榊原遠江守が組中の指引《さしひ》きを承って出陣」（「武家事紀」諸家家臣伝）と、信吉は当時二十六歳の榊原康勝（上州館林城主十万石。一五九〇～一六一五）の軍監を命ぜられた。「元和元乙卯年《きのとうのとし》大坂御陣御供被為れ、当地よりも小姓其外村々より御供致し候者、藤平大内蔵・三澤小平・中新井《なからい》鐵之助・川島次郎兵衛・中田七兵衛・鮎田安之進等なり」（「西方記録」）と、信吉は領内の西方より村々より従軍者を召集した。

元和元年四月、秀忠の先鋒は五隊で、榊原康勝がその三番を受け持ち、三番の榊原康勝組の諸将は次の面々である。四月十日、秀忠は江戸を出発した。

三番　榊原遠江守康勝組

松平丹波守康長　小笠原兵部少輔秀政
諏訪出雲守忠恒　保科肥後守正光
成田左衛門佐長忠　北条出羽守氏重
丹羽五郎左衛門長重　軍監藤田能登守信吉

（「武徳編年集成」）

しかし、期待された信吉であったが、若江の合戦で軍監として失態してしまう。

五月六日、黎明、大坂城中の将・木村重成が精兵六千余人を率いて出撃、その一部隊木村宗明（重成の叔父）が兵三百余人を引率して接近してきた。これを見た小笠原秀政（信濃松本城主六万石。一五六九〜一六一五）は軍使を家臣の二木政成《ふたつぎまさなり》・春日道次《かすがみちつぐ》らの元に馳せ「急に彼の敵を撃つ可し」と命じると共に、隣営の榊原隊にも小笠原主水を使としてこれを報じ、軍監の藤田信吉に対して攻撃開始の許可を求めたところ、信吉は「彼の隊は、木村重成の兵としては、甚《はなは》だ寡兵《かへい》なり、このごとき敵を襲撃すべからず、殊に前方に沼あり、妄《みだ》りに兵を進め難し」とこれを制した。秀政は「かかる間近き敵を見ながら、撃たずといふ法や有るか」と反論する。信吉は「必らずこの敵を撃つ可からずといふには非らず、唯、目下の形勢宜しからず、時機の到るを待ち給へ」と、強引に榊原・小笠原勢の行く手を遮ったという。

とかくする間に、その敵は戦わずして兵を収めた。榊原隊はこれを見て前進し、若干の戦果があった。秀政もまた兵を進め、二木政成・青木重継・勝野正元・堤正次《つつみまさつぐ》・沢渡盛治《さわたりもりはる》ら小笠原勢が追撃したが、敵兵すでに遠く遁れ、ついに戦うに至らなかった（横井忠直『小笠の光』）。

信吉が、強引に榊原・小笠原勢の行く手を遮ったということは、小笠原氏側に次のように記す。

> 元和元年大坂再陣のとき男、忠脩《ただたか》・忠真《ただざね》と倶に、騎士二百七十余騎、歩卒三千余人をひきゐて台徳院殿の供奉に列し、彼地に登向す。五月四日、榊原遠江守康勝・保科肥後守正光等とおなじく河内国須奈村に出陣す。藤田能登守忠季（信吉）これが軍監たり。五日阿辺野にむかひて合戦す

べきむね台徳院殿の仰をかうぶり、久宝寺村に陣をうつし、六日の昧爽より戦場にのぞみ敵の出るをまつ。ときに木村長門守重成人衆を出し、弟・主計頭宗重、秀政等が備にむかひて軍ををす。これにより秀政急に接戦すべきむね士卒に下知すといへども、藤田忠季（信吉）いまだその図にあたらずとて強てとゞむるにより、合戦にをよばざりしかば、台徳院殿の御不審をかうぶる。しかるに翌日本多出雲守忠朝等とおなじく、御麾下の先鋒を命ぜらるゝにより、今日こゝろよく一戦して恥をすゝがむと必死を決し、父子三人天王寺前阿辺野の辺にむかひ、大野修理亮治長、森豊前守勝永、武田永応等と陣を対す。

（「寛政重修諸家譜」。傍線は著者）

秀忠に詰問される

結局、三番榊原康勝組の諸将の多くは戦闘に参加することなく、味方の藤堂勢や井伊勢が苦戦を強いられたことから、即日、将軍秀忠は軍使・玉虫次郎左衛門（重茂）を派遣し、信吉と小笠原秀政を詰問した。「今日、城兵その隊の前方に現れるに兵を按《あん》してこれを撃たず、功を他人に奪はれしは如何ん、惟《おも》ふに秀政殿が意《こころ》、必らず城中に在るなるべし」と、秀政は大坂方に内通しているのではないかと激しく叱責した。

秀政は「意、城中に在りや否やは、明日その證《あかし》を戦場に表せむ」と答えた。藤田信吉は傍《かたわら》より玉虫に謝して「今日のことは某の罪なり、秀政殿の過失に非らず」と述べた。玉虫がこれを復命したことで将軍秀忠の怒りが解けたという。玉虫の帰り去りし後、秀政は「今日、藤田の言に誤られ、眼前の敵を逸《にが》し、且つ将軍の譴責《けんせき》を受け、大に武名を傷けたり」と切歯扼腕《せっしやくわん》、悔恨措《かいこんお》かざりしところに、たまたま本多忠朝（上総大多喜城主十万石。秀政の姻戚）の来訪があり、秀政の述懐談を聞き、これに同情したという（横井忠直『小笠の光』）。また、徳川四天王榊原康政の子・康勝は「鷹の子は鳶《とび》を生んだ」と嘲笑される始末であった（「東照宮御実紀」）。

信吉ら発奮するも深手を負う

将軍秀忠の叱責によって、翌七日の天王寺表の戦いでは榊原康勝組の諸将がおおいに発奮することになる。とくに秀忠から直接詰問された小笠原秀政は、なんとか将軍の信頼をつなぎ止めようと自殺的な討ち死にを遂げた。「藩翰譜」「台徳院殿御実紀」によると、発奮した榊原康勝隊は首七十八、藤田信吉隊は首二十三を獲るなど戦功をあげ、家康および秀忠より御感があったと記す。しかし、「信吉もみづから痛手二か所まで負て」（「台徳院殿御実紀」）と、この戦いで信吉は甚大に負傷してしまった。

明くれば七日、天王寺の合戦に、康勝、きのふ軍せざりを憤りて、二陣に定まれども直孝と押し並んで陣し、敵の多勢打破り、首七十八献る。能登守信吉も、みづから手二か所まで負ひて、手の者に首きらせたり。両御所、康勝、信吉めして御感の仰せかうむる。

（「藩翰譜」。傍線は著者）

（元和元年七月）「天王寺表は本多。小笠原戦死しければ。毛利勝永はじめ城兵頗る勝に乗じ。寄手の諸備追立て。すでに御旗本へ切かけんとす。藤堂。井伊両人岡山の戦場に備しが。天王寺表の敵勝に乗ずと見ければ横筋違に道をはせ。大野治長が手より打かくる矢玉。雨霰の如きをこと、もせず突ている。榊原遠江守康勝も直孝とおしならんで敵を追立て。首七十八切しが。藤田能登守信吉もみづから痛手二か所まで負て。手のものに首二十三きらせたり。勝永が人数横を討れ敗れて城中へ迯《にげ》入れば。天王寺と惣堀の間にひかへし七組の遊軍入かはりて。また井伊。藤堂が人数を追立る。

（「台徳院殿御実紀」「徳川実紀」。傍線は著者）

家康の裁断を受ける

五月八日、大坂城が落城し豊臣秀頼が亡んだ。同月二十七日になって、京に滞在中の榊原康勝が二十六歳で俄に没した。この頃、京にいて驚いた家康および秀忠は、康勝の家臣を召して康勝に子がないかを聞いた。このとき、家康は五月六日の若江の合戦に榊原勢が参加しなかったいきさつを聞いた。康勝の家臣は出撃を藤田信吉が制したことによると家康に訴えた。このため、家康は信吉を召して、江戸城にて自ら裁断することになったという（「藩翰譜」「東照宮御実紀」）。

かかる所に同廿七日、康勝、風毒腫わづらひ出し、年三十六歳にて俄に卒す。両御所、大いに驚かせ玉ひ、郎従等召して、康勝が子や無かりしと尋ねられき。そのついでに、若江にて、など合戦には及ばざりしと宣ひしに、従郎等かしこまりて、井伊、木村既に戦を合はすと見て、康勝が手の者共、同じく進み戦はんとす、藤田能登守信吉、康勝と共にこれを制す、信吉さる兵と承はる、いみじき謀やあらんと存じけるに、敵終に敗れしかば軍にはあはず、康勝いまだ年わかし、強からん謀にこそ従ふべけれと存ぜしに、身の煩しき故にや、信吉と心を合はせて進み得ず、されば天王寺合戦には、随一の郎従、伊藤忠兵衛真先に討死し、手の者尽く命を捨てて戦ひし事、先日の恥を雪がんがためなりき。かかる煩ひある身なればにや、家継がすべき子とても侍らずと申す。大御所、此の由を聞召し、頓て信吉めして御糺問あり。終に康勝が郎従等と訟へ起こりて、自ら御裁断にぞ及びける。

（「藩翰譜」。傍線は著者）

八月、家康は京より駿府に戻り、十月には江戸城に入った。そして、江戸城に信吉を召し出した。信吉は家康の尋問を受けたが、「重信（信吉）、陣じ申す旨、其の謂はれなきにあらず、重ねて御裁断あるべし」（「藩翰譜」）と、その陳弁にも一理ありと認められ、裁断は延期されたという。「管窺武鑑」は次のように記す。

藤田御請に（略）。其合戦場敵備の後に、誉田《こんだ》八幡の森続、森の茂《しげり》深し。伏奸あるべき地なり。

天下の大軍を引請け、御威風にも恐れず、城より出で、備を立て、蹈忍へて引入れざる事は、武術あるべき儀なるに、敵の備唯一重なり。是は伏兵を秘し、東の大軍追来る時、其乱立ちたる中へ、伏を起し討入るべしと考へ申候。其時、館林の備を進め、横合に敵を討ち、勝利を得べしと存じ、此理を遠江守へ申談じ控へさせ候所、案に相違仕り、敵伏兵も無く、総崩れ仕り候。後に承り候へば、一二三と組みたる三の備は、異変して若江へは出でずして、道明寺筋へ働出づる中間の権争ひ、己々心々の出張になりて斯くの如しと相聞え候。右の通故、館林の備の手に合ひ申さず候。此儀、某見積、相違仕り候は、軍理未熟の罪にて御座候。遠江守毛頭誤御座なく候と、申上げ候へば、尤もとの上意、重ねて聞召さるべしとあって、入御なされ、藤田も館林の家老共も退出仕るなり。

（「管窺武鑑」『越後史集』地）

死去と改易

信吉は大坂の陣での戦傷を癒すため、幕府に暇を請うて江戸より信州善光寺（長野市）へ行って越年、元和二年（一六一六）の春には諏訪（長野県諏訪市）の温泉で湯治した。しかし、身の傷みは意外に重く、「腫気《しゅき》黄疸《おうだん》の萌出で煩悶《はんもん》の症加はり候故」（「管窺武鑑」）と、医療のため山道を経て上京しようとした（「管窺武鑑」では高野山を目指したとある）。途中、鳥居峠の麓の奈良井（長野県塩尻市）の禅寺長

藤田信吉の墓　長野県塩尻市・長泉寺

泉寺に寄留中、「病悩頻に重り、医術応ぜず」（「管窺武鑑」）、同年七月十四日、「終不瘳而死《ついにいえずしてしす》」と五十九歳で病没した（「管窺武鑑」）。信吉は長泉寺に葬られ、法名は「休昌院一叟源心居士」（「管窺武鑑」）、長泉寺の位牌には「直指院殿一叟源心居士」とある（ちなみに、天正十二年に信吉が高野山に自身を月牌供養したときには「道意禅定門」という）。

下野領国の西方・実相寺《じっそうじ》に信吉の五輪塔があるが、これは家臣たちが遺品を運んで埋葬したのであろうか。信吉に嗣子がいないため藤田家は改易となった（「廃絶録」ほか）。また、長泉寺に信吉の内室の墓もあり、寺に伝わる書付によると同年十月十四日没、法名は「玉龍院殿月桂妙心《げっけいみょうしん》大禅定尼」とあるので、内室は信吉に同伴していたのだろう。しばらく信吉の冥福を祈った後、信吉の月命日に死んだことになる。この内室のことを長泉寺では「藤田能登守重信公墓碑」に「北条氏康の息女」、由来説明板に「北条氏重の息女」と説明している。信吉の内室が北条氏と関わる女性か否かは、今後の新しい史料の発見を待ちたい。

信吉には国元の下野西方に残した妻がいたようで、「西方記録」によると「同年（元和二年）四月七日妻卒す。峯村福正寺に葬る。法名、延国院源雲妙慶《えんこくいんげんうんみょうけい》大姉」とあり、信吉の死の三ヶ月前、信吉が諏訪で湯治している頃に死んだという。この国元の妻は正室の海野竜宝の娘である可能性が高い。

なお、改易の理由には諸説ある。

【説一】嗣なく除封

①「元和二年七月十四日、五十九歳にて卒し、男子なければ家たえたり」（『藩翰譜』『姓氏家系大辞典』）。

②「嗣なくして除邑」（『廃絶録』『恩栄録・廃絶録』）。

【説二】大坂の陣での指揮を咎められた

「大坂ノ役、指揮ヲ失フヲ以テ封除セラル」（『徳川除封録』）と、大坂の陣での指揮を咎められて信吉は改易となり、信州へ配流された（『紹襲録』『三公外史』『新編武家事紀』『野史』ほか）。

【説三】失言による

①「元和元年十二月、大坂の戦功を評議するに際し、信吉に失言があったため改易されたという」（『三百藩藩主人名事典』）。

②「大坂より御帰陣之日《とき》、能登守信吉言上奉り、「実に易く落城致し候」と祝い申し上げ、御機嫌に背き、面目《めんもく》を無くして高野山へ遁世《とんせい》」（『西方記録』）。

③「江戸にてその折の御吟味ありしに。藤田信吉申は。某は池をうちこして軍を張出さしめしに。忠兵衛下知して又引入しなど。あらぬ事どもいひ出しかば。宮内大に怒リ。かれが偽詐《ざさ》を具に申

わけせしかば。信吉遂に罪に伏して改易やられしなり（君臣言行録）」（「東照宮御実紀」「徳川実紀」）。

信吉の死亡理由としては、戦場での傷が元で病没したとする説のほか、自殺説や殺害説まである。

【異説一】自殺説

大坂の陣での指揮を咎められ、信吉は改易となり、信州へ配流され（「紹襲録」「三公外史」ほか）、これを憤って信吉は自殺した。あるいは、大坂の陣の戦功評議の場での失言を咎められたことを悩んで自殺したともいう。

①「六日の戦に小笠原、榊原手に逢わざる事後に御せんさくに付き、小笠原事藤田差図のよし申上げて藤田ついに信州へ流罪、これを憤って自殺す」（『新編武家事紀』）

②「榊原手前詮議の時、榊原組中ともに一戦を乞うといえども、藤田是をとどめ其の儀能わざるの由言上に付きて、藤田あやまりにきわまり信州へ流罪。藤田この旨を承り、老後の不覚陳謝によしなしとて忽ち自殺す。七十余歳」（『新編武家事紀』）

③「信濃に配流の恥辱をそそぐことも叶わず自刃したという」（「藤田重信公墓所説明板」西方町教育委員会）

④「他日論功行賞ノ時、藤田ハ此罪ノ為メ領邑ヲ没収セラレ、其後、野州佐野ニ於テ自殺ス」（『小笠の光』）

⑤「重信謂へらく我齢七旬を超ゆ旨に違ひて廃棄せらる耻辱営ぐべ　からず且つ創傷して病む年

壮なれば則ち以つて耻《はじ》を雪《そそ》ぐべし生けると雖も益なきなりと刀に伏して死す」（『大日本人名辞書』）

【異説二】殺害説

「廃絶録」「寛政重修諸家譜」によれば、諏訪部定常によって伏見城で殺害されたともいう。定常の父は北条氏邦の旧臣で、武蔵国秩父郡の日尾城将であった諏訪部定吉であった。定吉は小田原落城後、北条氏直の高野山入りに同行した。氏直の死後、文禄二年に家康に召され徳川の旗本となった。

「三太郎。越前中納言秀康卿に仕へ、のち伏見に於て藤田能登守某を殺害して自殺す」（「寛政重修諸家譜」「諏訪部定常譜文」）

そして、信吉が元和元年に没したとする説もある。

①「元和元年七ノ十四卒　五十五」（「系図纂要」）

②「元和元年七月十四日。年五十五」（「野史」）

信吉の遺品は各地へ

藤田信吉を慕っていた夏目定吉は、大坂夏の陣に藤田勢に加わろうと病の身を鼓舞して伏見までやってきたが、すでに大坂城は落城していた。信吉が伏見近くの三栖《みす》（京都市伏見区）に布陣していると知ると、藤田陣を訪れ藤田と感動的な再会を果たして別れた。そして信吉の死を知ると定吉は奈良井に来て信吉の遺骸を拾い、高野山（和歌山県高野町）に登り、奥の院に遺骸を収めたという（「管窺武鑑」）。

高野山金剛峯寺の塔頭清浄心院《しょうじょうしんいん》蔵「高野山清浄心院武蔵供養帳」には、次のように記されている。「神儀」とあるので高野山に収めたのは遺骸ではなく遺品だろうといわれている（長泉寺大橋博道住職の話）。

□（武）州□□（秩父）郡　為藤田能登守

月　一叟源心居士　　神儀

元和二丙辰七月十四日

（有元修一「高野山清浄心院所蔵武蔵供養帳について（上）」『埼玉地方史』四六号）

信吉の子どもたち

藤田信吉の実子は女子（杉原直秀の妻）一人である。しかし伝承によると、五兵衛信道という男子と、藤田主膳という養子がいたという。そのそれぞれについてみてみよう。

①女（娘、杉原直秀の妻）

藤田信吉の娘は杉原直秀の妻となり、その嫡男・直信を産んだ。直秀は武田信玄・勝頼に仕えていたが、武田氏滅亡後、徳川家康に仕え、芦田（依田）信蕃の手に属した。慶長五年（一六〇〇）の上田城攻めのとき、本多正信の手に属し、同十九年の大坂冬の陣でも本多正信の手に属した。元和九年（一六二三）、駿河大納言徳川忠長に附属せられ、大番を務め、寛永二年（一六二五）六月二十一日、駿河にて没した。法名「成案」。七十五歳。その子・直信のとき、徳川忠長は改易となり、のちに、直信は百五十石の旗本に復帰している（「寛政重修諸家譜」『三百藩藩主人名事典』）。

②伝承、五兵衛信道

信濃国小県郡海野宿（長野県東御市本）の本陣・藤田伝左衛門の先祖は、藤田信吉の子である五兵衛信道（信通）という伝承がある（「藤田伝左衛門家所蔵系図」「長国寺殿御事蹟稿」）。

今小県郡海野駅の本陣藤田伝左衛門と云ふ者の先祖は、信吉の孤子成りしを、大鋒公《真田信之》、深くあはれみ給ひ、上田御在城中御扶助を下され、藤田五右衛門信通と号し、隠士にて居住し、松城《松代》へ御所替の後、仙石家より本陣・間屋役申し付けられ、以来代々勤むると云ふ。此の家に甲州家其の外数通の証文伝来す。沼田記一説に出づる証文は、今上杉家の臣藤田兵馬相伝すと云ふ。（此の家も信吉の一族なるべし）。

（「長国寺殿御事蹟稿」『真田史料集』）

③養子・藤田主膳

藤田信吉の弟・平次郎（一説に平四郎）は、武田家の家臣・小林監物（号正淋《少》斎）の養子となって二十八歳の時、尾州長島の戦いで戦死した。その子・小林市左衛門は「父戦死のとき二歳也。故に祖父小淋斎養育す。然るに藤田能登守は伯父たるによって能登守が養子となりて藤田主膳と称す。天正十八年小田原陣中に能登守・主膳父子戦功あり。慶長五年関ヶ原に於て鎗疵二ヶ所こうむる、時に年三十四歳なり。後に下総国山川城（茨城県結城市）主水野家（註、水野監物忠元三万五千石か）に仕へ、百石を賜ふ」（『埼玉苗字辞典』）という。これによれば、早くから信吉の養子として活躍していたことがわかるが、藤田家は嗣子なく改易となったことから、主膳は徳川幕府に嗣子として届け出がされていない養子であったのだろうか。今後の検討を要する。

④養子候補・吉江藤左衛門尉定景

「管窺武鑑」によると、信吉は内々に吉江藤左衛門尉定景を養子にしようとしていたが、幕府へ届ける前に信吉が死んでしまったため、藤田家は嗣子なき理由で改易になったという。

嗣子なき故、今の水戸頼房卿の下に、某軍八定房が兄に、吉江藤左衛門尉定景といふあり。内々、其者を養子にすべしと思ふ志なれども、未だ執権に相達せざる内に卒去故、能登守西方の領知召上げられ、家断絶なり。

（「管窺武鑑」『越後史集』地）

あとがき

私は長野県の産で、郷土信濃国に関係する戦国武将に関心を持ち調査している。藤田能登守信吉は信濃国の産ではないが、北信濃の国人領主・須田氏を調査していた際に（調査結果は拙著『信濃須田一族』歴研、二〇一〇年）、信吉の名が頭に入ったのだ。

天正十三年（一五八五）に徳川家康が上田城（長野県上田市）の真田昌幸を攻めた。昌幸は越後の上杉景勝に援を求める。これに応じ、上杉の臣・海津城（長野市）の城代の須田満親が川中島の兵を引き連れて援軍に向かう。この留守をついて、深志（松本市）の小笠原貞慶が川中島を衝くおそれあり、この対応として、藤田信吉が川中島に派遣された（「管窺武鑑」）。この記事の情報により、藤田信吉に興味を持ったのであった。そしてまとめたのが前著『藤田能登守信吉』（歴研、二〇一四年）であった。

その後、新たな情報・誤記等もあり、訂正版を出したいと思っていたところ、戎光祥出版株式会社の石渡洋平副編集長より提案いただき、今回、内容・表現等を見直し『戦国の猛将　藤田信吉』として出版に至りました。

そのため、本書の編集に苦労かけました担当編集の石渡洋平氏に御礼を述べたい。

二〇二四年八月

志村平治

付録　藤田信吉関係史跡

藤田氏館跡から見た花園城跡

【埼玉県】

花園城跡（寄居町末野）

荒川を見下す標高二〇一メートルの山頂に築かれた山城である。平安末期、猪俣党出身で猪俣政家の子・政行が藤田郷（榛沢郡から秩父郡にあった郷名）に住んで藤田を名乗り、その居城として築かれたのが花園城の始まりという。藤田氏代々の居城であったが、天文元年（一五三二）、藤田泰邦のときに天神山城（長瀞町）を築いて移った。泰邦の死後、北条氏康の三男・氏邦（当時は乙千代丸）が泰邦の娘（大福御前）婿として藤田家を継いだ。その後、氏邦は鉢形城（寄居町）を改修して移り、「鉢形衆」を編成し花園城はその支城となった。天正十八年（一五九〇）六月、鉢形城落城と共に花園城も落城した（『日本城郭大系』5）。

二重の竪堀を山腹に配し、その間には腰郭を何段にも置くという独特の縄張りをみせる。「藤田流」と称されるもので、藤田氏の築城と伝える天神山城（長瀞町）・千馬山城（皆野町）にも同様の特徴がみられる（『埼玉県の地名』）。

藤田氏館跡（寄居町末野字日山）

花園城の南、荒川左岸の段丘上に伝藤田氏館がある。大きさは一町四方で土塁が一部残り、その外側に堀跡と考えれれる幅約三メートル、深さ約一・五メートルの小川が流れている。土塁と河川との比高差は約三メートルある（『関東の名城を歩く』南関東編）。藤田政行が構えた館と思われ、花園城はその詰めの城になるであろう。

藤田善導寺

藤田善導寺《ぜんどうじ》（寄居町末野一六八六）

浄土宗で京都智恩院末、白狐山悟真院と号す。別名を藤田道場、または藤田の檀林という。本尊は室町中期の作の阿弥陀如来。永仁五年（一二九七）に藤田行重の子・持阿良心上人により創建された藤田氏の菩提寺である。良心は浄土宗藤田派の法流を隆盛にしたことで知られ、関東各地に寺院を建立している。その後、衰廃したが、天文年間（一五三二〜五五）になって督蓮社法誉聴上人が花園城主の藤田泰邦の後援を受けて再興した。鉢形城主の北条氏邦も帰依して繁栄したが、天正十八年（一五九〇）、豊臣秀吉の軍勢によって破壊され衰退した。のちに河越より寂誉遵道上人が来て中興したという（『新編武蔵風土記稿』）。本堂と無常門は寛延三年（一七五〇）の建立。

少林寺

少林寺《しょうりんじ》（寄居町末野二〇七二の一）

曹洞宗、児玉郡児玉町高柳長泉寺の末寺、熊耳峯万年山と号す。本尊は釈迦牟尼仏。永正八年（一五一一）の創建で開山は大洞存奝《だいどうそんちょう》（永正十六年没）、開基は寺伝では花園城主・藤田国村と伝える（『全国寺院名鑑』）。「武蔵志」に「藤田氏開基　法名藤栄院花岸常信庵主　永正十六《（十五カ）》年十一月十五日卒ス」とある。また、同寺開基の位牌に次のようにある。

当山開基　藤栄院花巌常春庵主
永正十五年十一月十五日
当処花苑城主　藤田能登守
藤田右衛門佐康邦祖父

天正七年（一五七九）四月二十四日、北条氏邦は少林寺に岩田（長瀞町）のうち二貫七百文を門前分として寄進した（「北条氏邦印判状」）。天正末の兵乱で一時衰微したが、慶安年中（一六四八～五二）には寺領十五石を有した。二十四世大純万明和尚の時、文政九年（一八二六）春より四方浄財をつのり、寺の背後の山中に釈尊・十六羅漢・五百羅漢の石像、天保三年（一八三二）三月には千体荒神板碑を安置した（「万年山少林寺略縁起」『埼玉県の地名』ほか）。

極楽寺（寄居町藤田二四九）

真言宗豊山派、象頭山《ぞうずさん》聖天院《しょうてんいん》と号す。本尊は歓喜天（聖天。象面人身双体の天部仏尊）。弘仁《こうにん》年間（八一〇～八二四）、弘法大師が諸国を布教行脚の途上、自ら聖天像を彫り、自證《じしょう》に託して護法の鎮守として象ヶ鼻に創建したのが始まり。応永年間（一三九四～一四二八）、中興の祖秀永が新義真言に改めた。当聖天は多く武家棟梁の尊信を集め、中世期には源経基・源義家・秩父武綱らが藤田郷一円十二ヵ村を寄進してその総鎮守（上・下聖天宮）を建立し、当寺は別当寺となった。永享六年（一四三四）、藤田宗貞が当寺に供物・灯明料を寄進した（鈴木宏美「藤田氏の動向」）。近世では北条氏邦が鉢形城の鎮守とし、徳川将軍家は代々朱印地二十石を寄進した。明治維新の神仏分離にともない、上宮は国有地となり当地へ移転、下宮は宗像神社となった。

用土《ようど》城跡（寄居町用土字北沢）

北に向かって舌状に飛び出した台地城にあった平城で、別名高城という。天文十五年（一五四六）に藤田重利（用土新左衛門尉）が築城したという。重利と同一人物と思われる用土業国が天文五年（一五三六）に熊野権現に鰐口を寄進しており、築城はそれ以前かもしれない。用土氏は重利・重連・信吉と続いた。信吉が北条氏を離反し武田勝頼の家臣となると、当城は鉢形城の支城として北条方

上：用土新左衛門尉の五輪塔　下：用土城懐古詞碑

「鉢形衆」が守備した。天正十八年（一五九〇）の鉢形城落城の際に当城も落城し、以後、廃城となった（『日本城郭大系』5）。城跡の一部は寄居町農業ふれあい文化センター前の小公園・天満天神宮となっており、その境内には「用土城の碑」が建ち、昭和二年（一九二七）に用土新左衛門尉の五輪塔が再建された（『城郭資料集成中世北武蔵の城』）。
また、平成二十四年（二〇一二）に「用土城懐古詞碑」が建てられ、そこに次の詞が刻印されている。

赤城妙榛三山雄　瓊枝垂桜城址融
戦国生残強食理　藤家三代美民哀

藤田院蓮光寺《れんこうじ》（寄居町用土七九八の一）

浄土宗、大谷山と号す。本尊は阿弥陀如来。藤田善導寺等を開山した藤田持阿良心上人が正和元年（一三一二）に創建した藤田氏由緒の寺院という（『日本城郭大系』5『日本城郭全集』4）。地蔵堂には

町指定有形文化財
鰐《わに》口《ぐち》　三口
昭和三十七年十二月一日指定
【A】直径　一二・六cm　最大の厚さ　五・六cm
【B】直径　一二・四cm　最大の厚さ　五・〇cm
〔銘文〕奉寄進熊埜権現御宝殿　天文五年九月六日用土新三郎小野業国
【C】直径　一二・六cm　厚さ（欠損のため計測不能）
〔銘文〕奉寄進熊野権現御宝殿　天文五年九月六日用土新三郎小野業国
鰐口は、寺院の堂や神社の社殿の正面軒先に下げる銅製、円形の打楽器で、参拝者が打ち鳴らすものです。鈴を平らにしたような形で下方が横長に開いており、その形がワニの口に似ているために鰐口の名がつけられたといわれます。
熊野神社の鰐口は、明治四十二年（一九〇八）ごろに、境内の大杉の根元から出土したと伝えられています。鋳銅製で、撞座（打ち鳴らす部分）にはそれぞれ五星文が鋳出されています。三口ともに共通した意匠であることから、同じ原型から製作されたものと考えられます。
三口のうち、BとCにはほぼ同じ文章の銘文が刻まれており、Cは「熊埜」を「熊野」と書き替えている点だけが異なっています。
この銘文から、天文五年（一五三六）に用土新三郎小野業国によって寄進されたことがわかります。小野業国は、当時この地域を支配していた猪俣党藤田氏の一族と推測されていますが、現在のところ詳細はわかっていません。
平成二十三年三月
寄居町教育委員会
【A】
【B】
【C】

宝暦九年（一七五九）三月に徳川九代将軍家重公より授けられた「日限延命子育三体地蔵尊」を奉安する。

熊野神社（寄居町用土前御池）

天文五年（一五三六）九月、用土業国が寄進した鰐口を所蔵する。それぞれの銘に「奉寄進熊野権現御宝殿天文五年九月六日　用土新三郎小埜業国」「奉寄進熊埜権現御宝殿天文五年九月六日　用土新三郎小埜業国」とある（『新編埼玉県史』資料編9）。

正龍寺《しょうりゅうじ》（寄居町藤田一〇一の一）

曹洞宗、越生町龍稔寺末、高根山藤源院と号する。本尊は釈迦牟尼仏像。創建は花園城主・藤田五郎政行で、高嶺山に筥根《はこね》権現《ごんげん》を祭り一寺を創立すという。藤田能国《よしくに》の時代、文治四年（一一八七）城下に青龍が出現し、龍泉の湖をつくって住んだといわれる。貞和四年（一三四八）に臨済宗の僧實翁《じつおう》和尚が山号を青龍寺と号した。天文元年（一五三二）、十五代城主・藤田泰邦のとき、乾翁瑞元《かんおうずいげん》和尚が教化し龍泉の湖の青龍を化龍して「八代龍王」をこの寺に祀った。そのため乾翁端元を開山、藤田泰邦を開基とする。青龍寺は後に昌龍寺と改名され、天正十九年（一五九一）、徳川家康の時代に寺号を正龍寺に改めて曹洞宗に改宗した。康邦の娘婿である鉢形城主北条氏邦の帰依が篤く、寺領百貫の寄附があった。氏邦は鉢形開城の後、正龍寺に入って出家し前田利家の軍門に降った。江戸時代には徳川将軍家から御朱印二十石を賜った（『訪ねてみたい埼玉のお寺』）。

寺には藤田泰邦の画像（現存しない）を納めたと伝える「高根山正龍禅寺開基天山御影之箱」が残り、次のように記されている（教菴舜悦《きょうあんしゅんえつ》は正龍寺二世住職）。

「高根山正竜禅寺開基天山（藤田泰邦）御影之箱

教菴舜説（悦）叟代　弘治二〔丙辰〕七月吉日

（蓋裏書）

造作者同自十月思立、後室嶺梅芳春大姉須弥壇造立、自京都釈迦三尊被作下、其外天山情深人一間充建立畢、当寺開基天山繁公天文廿二年二月廿二〔癸丑〕二月自廿四日地引始、同廿四〔乙卯〕四月十五日上棟、武遊共他家之尊敬不過之、同九月迎画師為写、同五日書畢、到后代勲当寺住持輩者、可堅繁昌者也、

（身箱中書）

歳三十四而死去

（身箱底書）

僧侶堪忍之方者於此影無沙汰者寺家退出可為必需者也

此丘舜説叟　」

（『新編埼玉県史』資料編9）

境内には、藤田泰邦夫妻や鉢形城主・北条氏邦夫妻の墓（いずれも県指定史跡）がある。その宝篋印塔には次の刻印がある。

①　天文二十四年銘宝篋印塔（藤田泰邦塔）

（基礎正面）　祖繁禅定門

天文廿四年九月十三日

②　永禄五年銘宝篋印塔（西福御前塔）

（基礎正面）　嶺梅芳春大姉

永禄五〔　〕月九日

③　慶長二年銘宝篋印塔（北条氏邦塔）

（基礎正面）　天室宗青居士

慶長二丁酉八月八日

④　文禄二年銘宝篋印塔（大福御前塔）

（基礎正面）　花屋宗栄大姉

文禄二癸巳五月十日

（『寄居町史』通史編）

また、泰邦の位牌、大福《おふく》御前守本尊、大福御前が自刃したときに使ったとされる長刀《なぎなた》、大福御前所持の香炉などが残る。寺紋は「上り藤」と「丸に三つ鱗」である。近くの大福御前自刃の地に平成七

上：藤田泰邦夫妻の墓　中：北条氏邦夫妻の墓　下：大福御前自刃の地碑

年（一九九五）五月に「大福御前自刃の地碑」が建立されている。

鉢形《はちがた》城跡（寄居町鉢形）

荒川南岸にあって、深沢川との間に扇状に展開した平山城である。大手を南西、搦手を北東に設けた面積一四万六五二〇平方メートルの広大なものである。文明年間（一四六九～八七）、長尾景春によって築かれたといわれる。文明八年、景春は山内上杉顕定に背いて鉢形城に籠もり、翌九年正月には兵を率いて山内上杉顕定・扇谷上杉定正を五十子《いかっこ》（埼玉県本庄市）で破った。同十年七月十日、顕定は太田道灌の助けを借りて景春を鉢形城から敗走させた。山内上杉顕定が入城し、関東管領上杉氏の拠点となった。天文十五年（一五四六）の河越夜戦で敗北した山内上杉憲政は平井城（群馬県藤岡市）へ退いた。その後、藤田泰邦の持城となったようだ。泰邦の娘婿として北条氏康の三男・氏邦が藤田家を継いだ。初めは天神山城を居城としたが、永禄十二年（一五六九）頃に鉢形城を大改修して移った。天正十八年（一五九〇）五月、前田利家・上杉景勝・真田昌幸らの豊臣軍が来襲し、六月十四日に落城した。氏邦は前田利家にお預けとなり、慶長二年（一五九七）に金沢で死去した。現在は国指定史跡として整備され、三の丸付近には築地や門、石垣などが復元されている。

天神山城跡（長瀞町岩田字城山）

岩田の南部、井戸境の荒川右岸に迫る標高二二六メートルの天神山山頂にある山城で、根古屋城ともいう。麓にかつて白鳥天満宮と呼ばれた白鳥神社（祭神は菅原道真）があり、藤田泰邦が城の守護

天神山城

として崇拝、北条氏邦も崇拝した。これにちなんで白鳥城ともいう。白鳥天神宮は明治三年（一八七〇）に天満天神社、同九年に白鳥神社と改称している。

天文元年（一五三二）藤田泰邦（康邦）が築城したという。弘治元年（一五五五）九月に泰邦が没し、その跡を北条氏康の子・乙千代丸（のちの氏邦）が泰邦の娘（大福御前）婿として藤田家の後継者となった。これに不満な泰邦の遺児・梅王丸らは永禄三年（一五六〇）、越後の長尾景虎の関東出陣に応じ当城に立て籠もった。しかし翌四年九月、北条軍に攻められ落城し、梅王丸は滅びた。同七年、乙千代丸が当城に入り、藤田新太郎氏邦を名乗った。氏邦は同十二年（一五六九）に鉢形城へ居城を移し、当城には氏康の六男・氏光が入って藤田右衛門佐と称したという（「藤田家譜略」『日本城郭全集』4）。

天正十八年（一五九〇）、鉢形城落城と共に豊臣軍の前に落城した。堀切・竪堀・石垣の一部の遺構が残る。竪堀とその間に置かれる腰郭のあり方は、藤田流といわれる独特の形をしているという（『埼玉県の地名』）。昭和四十五年（一九七〇）七月に本丸跡に模擬天守が建てられ観光名所となっていたが、現在は閉鎖、山頂へ続く道路は閉ざされ立ち入ることはできない。

道光寺（長瀞町岩田七三五）

臨済宗妙心寺派、吉祥山と号す。藤田泰邦の開基と伝える（『埼玉県の地名』）。

法善寺（長瀞町井戸四七六）

臨済宗妙心寺派、男衾郡甘粕村泉福寺末、金嶽山《かなたけざん》と号す。本尊は阿弥陀如来。ほかに廃寺となった金龍山妙音寺の本尊であった十一面観世音も安置されている。一家西堂（元亀三年寂）が開山、初代天神山城主・藤田右衛門佐泰邦が開基となり創建したという（「新編武蔵風土記稿」）。弘治元年（一五五五）九月十三日に没した泰邦の位牌「法善寺殿天山繁公大禅定門」（正龍寺にもある）があり墓も残る。当寺には藤袴《ふじばかま》が植えられていることから「藤袴の寺」とも称されている。

藤田泰邦の墓　法善寺

西福寺（皆野町下田野一二二四）

真言宗豊山派、田谷山と号す（「増補秩父風土記」）。かつて田野城（皆野町下田野）の山麓にあったが、江戸時代に火災にあい、現在地に再建された（『日本城郭大系』5）。永禄五年（一五六二）四月二十九日に没した藤田泰邦の室・西福御前の菩提寺として創建されたとも（「武蔵志」）、西福御前が建立したともいわれている（「秩父志」）。

赤城大神社《あかぎだいじんじゃ》（皆野町下田野九一九）

祭神は大山祇命《おおやまつみのみこと》・大己貴命《おおなむちのみこと》・豊城入彦命《とよきいりひこのみこと》。由来によると、第十九代崇神天皇の皇子である豊城入彦が遊猟の際、当地に休憩したとき、村の鎮守として大山祇命・大己貴命を祀ったのが始まりという。下田野村赤城大神社由緒に「天正八年、鉢形の城主北条氏邦の臣用土新左衛門正道、当地に陣屋を構へ当社を信仰し社領若干を納める」とある（『埼玉苗字辞典』）。「新編武蔵風土記稿」には、「村鎮守なり、（略）西福寺の持なり」と、西福寺が別当を務めていたようだ。当社では毎年三月十八日に「あんどん祭り（百八灯祭り）」が行われているが、これは永禄十二年（一五六九）武田・北条軍による三沢谷の合戦で討ち死にした将兵の霊を弔うため、元亀三年（一五七二）、西福御前（藤田康邦夫人）により始められたと伝わる（神社由緒）。西福御前は永禄五年の没のため、年代の誤伝だろうか。

千馬山城《せんばやま》（皆野町三沢茗荷沢）

龍《りゅう》ヶ谷城、龍ヶ谷砦《がい》、要害城ともいう。伝承によれば用土重利（初代）が築城し、その子で北条氏邦の家臣となった用土正光（二代）、正憲（三代）が居城したという（『日本城郭全集』4）。「新編武蔵風土記稿」には「此所は往昔鉢形城の臣、用土新左衛門正光が居し要害なれど、孔今に石壁なども往々に遺りてあり」とあり、「秩父志」には「用土新左衛門持」とか「土人伝へ云、用土新左衛門政光ノ居城ナリト云フ」とある。城跡に大規模な堀切や、一部には当時の野面積の石垣が残る。山頂近くの平坦地に物見櫓といわれる郭も残る。山頂の平坦地には石祠があり、用土氏代々の霊を祀っている（『日本城郭大系』5）。

正光寺《しょうこうじ》（皆野町三沢六二七）

真言宗智山派、三沢山と号す。本尊は薬師如来。「用土新七郎正憲開基、正憲は新左衛門正光の子也、父の為に建る也」（「増補秩父風土記」）とか、「此寺は用土新左衛門正光の子、新七郎正憲なるもの父・正光のため創建せし所なり、因て父の実名を以て寺号とせりと云」（「新編武蔵風土記稿」）とある。

上：千馬山城跡　下：用土氏代々の霊を祀る石祠

三峰神社《みつみねじんじゃ》（秩父市三峰二九八の一）

景行天皇が、皇子日本武尊《やまとたけるのみこと》を東国に遣わしたおり、尊は甲斐国（山梨県）から上野国（群馬県）を経て、碓氷峠に向われる途中、当山に登られた。尊は当地の山川が清く美しい様子を見て、その昔、伊弉諾尊《いざなきのみこと》・伊弉冊尊《いざなみのみこと》が我が国を誕生させたことをしのび、当山に宮を造営し二神を祀った。これがはじまりと伝わる。天文二年（一五三三）七月に武州秩父大滝の三峰神社の本殿が造営され、その棟札に「維時郡主藤田右金吾業繁」と記されている（「新編武蔵風土記稿」『埼玉県史』資料編9）。

【群馬県】

沼田城跡（沼田市倉内）

倉内城、蔵内城、霞城ともいわれる。利根川と薄根川の合流点東南の七〇メートルの崖上に築かれた崖端《がけはた》城、平山城で東西七五〇メートル、南北五一〇メートル。郭跡・土塁・石垣・堀跡・櫓台跡などが残る。天文九年（一五四〇）頃に沼田顕泰が築城した。永禄三年（一五六〇）八月、上野国に軍を進めた長尾景虎（のちの上杉謙信）は、翌九月初めに沼田城を攻めて北条勢を逐い、城主・沼田顕泰を降伏させた。顕泰は許されて城主となったが、以後、当城は越後国と関東を結ぶ要衝の地にあることから謙信の関東出陣の際の拠点とされた。同十二年初め、沼田氏の内紛により家臣に攻められ顕泰らは会津に出奔した。元亀元年（一五七〇）に締結する上杉・北条同盟交渉では、中継地として重要な役割を果たした。上杉・北条同盟破綻後は上杉氏の家臣・河田重親らが城を守っていたが、謙信の没後、一時、北条氏の属城となり、用土重連、続いて用土信吉が城代となった。天正八年（一五八〇）五月、用土信吉は武田勝頼に降ったため武田方の属城となった。信吉は引き続き沼田城代となり、名を藤田能登守信吉と改めた。同九年三月、沼田景義が沼田城を奪還しようとしたが失敗した。同十年の武田氏滅亡後、信吉は沼田城を去り越後に退散した。

その後、真田昌幸の持城となり、徳川時代になって真田氏は信幸（昌幸の子）・信吉・熊之助・信政・信澄と続いた。延宝九年（一六八一）に信澄は改易となり城は取り壊された。元禄十六年（一七〇三）、沼田領は本多伯耆守正永に与えられ、正永は沼田城を再興する。その後、本多氏三代、黒田氏二代、土岐氏十二代と続き明治維新に至った。

沼須城跡（沼田市上沼須一三九）

沼田城の支城で片品の要害ともいう（『日本城郭全集』6）。城地はもと金剛院があったところで、藤田信吉が寺を宇礼野に移し築城したという。信吉が妻子を置いたところという（『日本城郭大系』4）。「管窺武鑑」に藤田信吉が「上沼津金剛院の寺地を替えて、其地に居館を構へ居住す」とある。

明徳寺城跡（利根郡みなかみ町後閑）

比高約六〇メートルの城山に築かれ、麓に明徳寺があることから明徳寺城とも天神山城ともいう（『群馬県の地名』）。天文年間（一五三二〜五五）、後閑氏によって築かれたという（『日本城郭大系』4）。天正七年（一五七九）、北条方・沼田城代の用土（藤田）信吉が修築し、沢浦隼人・渡辺左近・西山市之丞・師《もろ》大助らを置き、武田方の名胡桃《なぐるみ》・小川両城に対峙させた。しかし、翌八年一月二十一日、武田の臣・真田昌幸に攻め落とされた。昌幸は重臣の伊藤備中守・出浦上総介を明徳寺城に置き、沼田城攻略への足がかりとして利用した（「加沢記」『月夜野町史』）。

【新潟県】

長島城跡（新潟市南区東長島）

藤田信吉は越後長島城主だった吉江信景（資堅《すけかた》）の未亡人を娶り長島城主となった（「管窺武鑑」）という。吉江氏の居城は吉江城（吉江館。新潟市南区吉江）で「吉江城は当地にある長島城を支砦に持ち、味方地方における上杉氏の重要な押えをなしていた」（『日本城郭全集』６）とある。長島城の所在地は月潟村東長島（新潟市）かその周辺といわれている（『吉江城物語』）。東長島は新潟市に合併する以前は月潟村である。『月潟村誌』などにはいっさい触れられておらず、謎の多い城である。

津川城跡（阿賀町津川）

津川城は別名を狐戻《きつねもどし》城ともいい、阿賀野川と常浪《とこなみ》川の合流地点に位置する麒麟《きりん》山（標高一九六メートル）の西端に築かれた標高一二〇メートルの山城である。山容が中国伝説の麒麟に似ることから、麒麟山城ともいう。麒麟山の西端山頂部分に本丸などの主郭を配し、中腹付近に馬場・物見櫓・井戸・腰郭、山麓には物資集積所、船着場などを設置した。本丸跡に金上《かなかみ》家の守護神である稲荷神社や「麒麟山城趾碑」と刻まれた石碑、一辺一〇メートル方形の櫓があった礎石が残る。城山全体にわたって石垣がめぐるが、これは新潟県内でも珍しく、国境警備の城郭としての役割を知るうえで貴重な遺跡である。

建長二年（一二五〇）に会津芦名氏の一族藤倉盛弘（のちの金上遠江守）が築城し、十四代盛備まで金上氏代々の居城であった。天正十八年（一五九〇）から蒲生氏郷の臣である北川土佐某、慶長三年（一五九八）に上杉景勝が会津百二十万石で入封すると、家臣の藤田信吉が一万一千石、ほかに同心給三千三百石で城代となった。信吉の出奔後は景勝の臣小国信光、同六年から蒲生秀行の臣岡重政、同十八年本山豊前某が在城した。寛永四年（一六二七）、江戸幕府の命令で取り壊されるまで、つねに会津領の重臣が守った（『日本城郭大系』7、『新潟県の地名』『直江兼続大事典』）。

日出《ひので》神社（長岡市脇野町二六五六の一）

祭神は菊理媛命・伊弉諾命・伊弉冊命。加賀国の白山比咩神社から祭神三柱を分祀し、白山社と称し、産土神として祀ったのがその始めと伝える。慶応二年（一八六六）、脇野町の氏子・河内貞助が命を受けて京に上り、吉田家に七日間の祈祷を受けて日出神社の社号を下賜され、以後、日出神社と改称したという。現在の社殿は、明治二十四年（一八九一）の改築である（『新潟県の地名』）。藤田信吉は、脇野町白山原に「白山様」を勧請し祀ったといわれ、現在はこの日出神社に合祀されている（『三島町史』上）。

【栃木県】

西方《にしかた》陣屋跡（栃木市西方町本城）

藤田氏の西方陣屋は、宇都宮氏一族・西方氏の山城に置かれた。本城である西方城から南東に延びる尾根上に位置する標高一五〇メートルの地点の西方城の出城跡にあり、二条城とも呼ばれた。二条城という名は「新城」が変化したものという。付近には馬場や下屋敷などの地名が残る。二条城の築城年は不明（一説に慶長五年あるいは同八年）だが、藤田信吉（重信）によって改修されたという。元和二年（一六一六）の藤田氏改易で廃された。現在も曲輪跡の平坦地や土塁、石塁の一部、北西隅に櫓台、掘切をよく残している（『栃木県の地名』『近世栃木の城と陣屋』「中世の山城西方城址」）。

開山不動堂（栃木市西方町本城）

大雲山二条院という。本尊は開山不動明王。二条城の城山山麓にある。永仁元年（一二九三）、宇都宮景綱の三男・景泰が西方城（西方町本城）を築いて西方氏を称した。この時に景泰が城の表鬼門と裏鬼門に不動明王を祭祀して守護神とした。以降、代々の西方城主に信仰されてきたが、廃城となって以降、両鬼門の不動明王は捨て置かれていた（『西方町史』ほか）。その後、西方領主となった藤田信吉の夢枕に不動明王が現れ、二条院地内は霊地なりとの霊示を受けた。慶長十七年（一六一二）に荒廃していた二条院の不動明王の堂宇を藤田信吉が城内に建て、天下泰平を願い不動明王を祀ったのが現在の不動堂の始まりという（「中世の山城西方城址」『西方町史』『栃木県の地名』）。

愛宕《あたご》神社（栃木市西方町金崎三七七）

慶長十二年（一六〇七）九月、藤田信吉の命により金崎の鮎田播磨助が地域住民の守護神として金崎宿の乾（北西）の方角に社を創建し、愛宕権現を勧請したのが始まりという。御祭神は火結命《ほむすびのみこと》で、火結びの神・村の守護神として崇敬され、住民の奉仕により高さ三メートルの盛り土がなされた丘が築かれた。社殿の建築年は不詳であるが、日光東照宮を造営した宮大工や彫物師たちが金崎宿に泊まり手掛けたと伝えられている。一間社、入母屋造り、檜皮葺き、正面に千鳥破風、唐破風の向拝が付く。

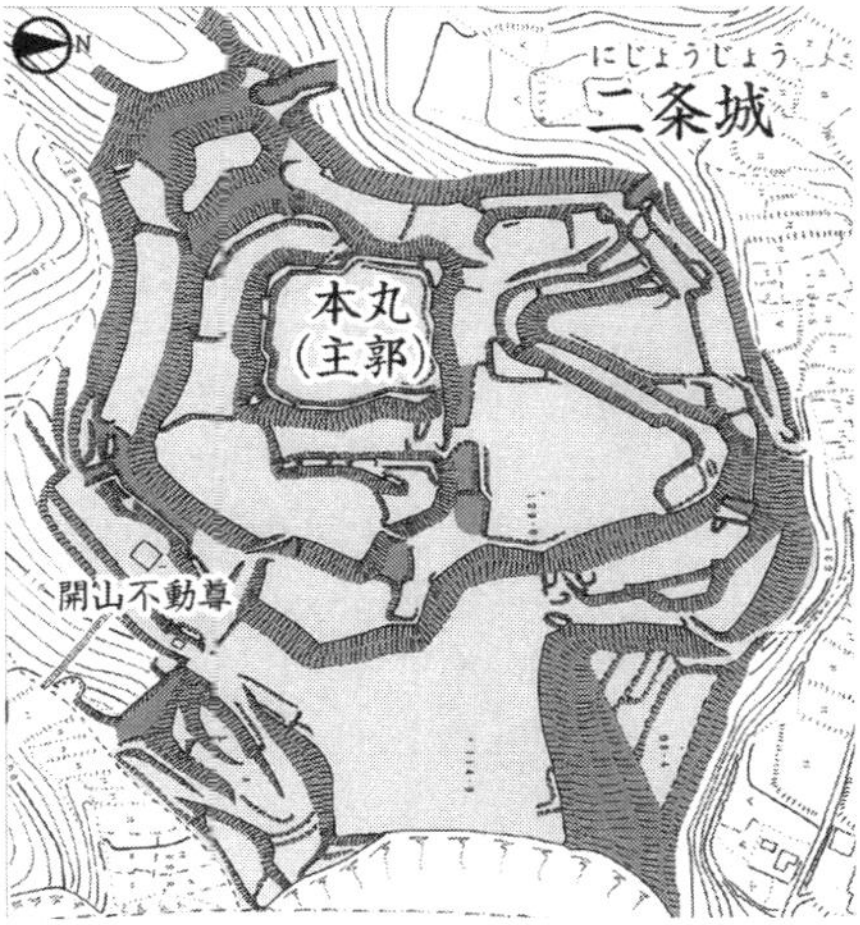

上：二条城・西方陣屋図　「中世の山城 西方城址」より転載　中：二条城の石垣　下：開山不動堂

藤田信吉の五輪塔　実相寺

建物全体が龍や唐獅子など精巧な彫刻で埋め尽くされている。明治元年の神仏分離令により愛宕神社となった。（『西方町の民俗』、栃木県観光ナビＨＰ）。

実相寺（栃木市西方町大字元一七三九）

曹洞宗、那智山と号す。本尊は阿弥陀如来。慶長五年（一六〇〇）の創建と伝え、開基は結城晴朝、開山は結城孝顕寺《こうけんじ》（茨城県結城市）より移った大祐《たいゆう》という。藤田信吉の五輪塔がある（『栃木県の地名』）。風輪・空輪を欠くが、室町末期の名残りを留める凝灰岩製で、地輪に「藤田」、法名「一叟源心居士」の一部の文字や、卒年「元和二年」が判読出来る。ここに遺髪などを収めたものか、単なる供養塔なのかはっきりしていない（西方町教育委員会「西方町文化財マップ」）。

福正寺《ふくしょうじ》（栃木市西方町元一五八四）

浄土宗、熊野山《ゆやさん》と号す。本尊は阿弥陀如来。開基は文永年間（一二六四〜七五）に一遍《いっぺん》上人が諸国遍歴をしていた際に開基したという説と、元弘元年（一三三一）に一向俊聖上人が開基したという説の二説があるが、一向俊聖《いっこうしゅんぜい》上人の開基説が有力という。近江国番場《ばんば》にある時宗一向派大本寺・蓮華寺の直末寺であったが、明治二十年（一八八七）頃、浄土宗に転向し、現在は栃木市近龍《きんりゅう》寺末となっている。往時は西方城の櫓太鼓や西方家の位牌なども多くあったが、宝暦年間（一七五一〜六四）および明治十五年（一八八二）の火災でほとんどを焼失した。その後、再建の努力が続けられ、明治三十一年に現在の堂宇を建立、同三十四年に本堂落慶式が行なわれた。旧一向派の寺院として一向上人流の踊り念仏を平成二十年（二〇〇八）に再興した。

御本尊は、徳川家康が芝の増上寺に安置したと伝える三像阿弥陀如来立像を先の堂宇再建の際、増上寺より当寺へ寄付されたたという。また、本堂向拝《ごはい》の蟇股《かえるまた》、海老虹梁《えびこうりょう》、木鼻《きばな》部分にある装飾彫刻などは町有形文化財に指定されている（『西方町の民俗』）。「西方記録」によれば、藤田信吉の室（実名不明）は元和二年（一六一六）四月七日に没し、福正寺に葬られたという。法名は延国院源雲妙慶大姉で位牌もあると記されているが、位牌は前述の火災で焼失し、墓もないという（福正寺住職・松濤淳一氏の話）。

【長野県】

長泉寺《ちょうせんじ》（塩尻市大字奈良井三六五）

曹洞宗、玉龍山と号す。本尊は釈迦牟尼仏。初め貞治五年（一三六六）七月に元章希本阿闍梨が天台宗として創建した。永禄十一年（一五六八）二月、駿河国庵原郡《いはらぐん》梅ヶ谷村の真珠院（静岡県静岡市清水区梅ヶ谷）の器外聞応大和尚が来山し開基、曹洞宗に改めた。天正十年（一五八二）二月、鳥居峠で木曽義昌と武田勝頼が戦った。その兵火で寺の伽藍がことごとく灰となった。文禄年間（一五九二〜九五）に器外聞応大和尚に帰依篤かった藤田信吉が伽藍を再建し、中興開基となったという。寛政七年（一七九五）十月、伽藍を改修したが、天保八年（一八三七）七月の奈良井の大火で全焼した。慶応二年（一八六六）十月に復興した。

元和二年（一六一六）七月十四日、藤田信吉（重信）は病気医療のため上洛の途上、奈良井の当寺に寄留中に没し、当寺に葬られた。法名「直指院殿一叟源心居士」。当寺には信吉の位牌、信吉夫妻の墓がある。本堂西側にある信吉夫妻の墓は天保八年の奈良井大火によって墓地の一部が焼失したため再建立されたものである。寺に伝わる書付によれば、信吉内室は同年十月十四日没で法名は「玉龍院殿月桂妙心大禅定尼」とある。内室は当寺の「藤田能登守重信公墓碑」に「北条氏康の息女」、当寺の由来説明板には「北条氏重の息女」とある。

【京都府】

大徳寺塔頭金龍院《きんりゅういん》（京都府京都市北区紫野）

会津を出奔し江戸より上洛した藤田信吉は京都大徳寺に入り剃髪して源心と号して大徳寺塔頭金龍院（現在、廃寺）に蟄居した（「藩翰譜」「系図纂要」ほか）。金龍院は飛騨高山城（岐阜県高山市）主・金森長近《かなもりながちか》が織田信長の追福のため伝叟を請じて創建した寺院である。

【和歌山県】

高野山清浄心院《しょうじょうしんいん》（伊都郡高野町高野山五六六）

高野山真言宗総本山金剛峯寺の塔頭で宿坊の一つ。本尊は二十日《はつか》大師（弘法大師作）。承和二年（八三五）に弘法大師空海が草創し、初め喜多坊と称したが、後、勅命で現院号に改めたと伝えられる。平宗盛が当院を再建し、寿永・元暦（一一八二〜八五）の頃には滝口入道浄阿（斉藤時頼）が来往した。戦国時代、上杉謙信の祈願所となっていた。徳川時代には院領高三十五石、上杉、佐竹等の諸大名が檀家となったが、万延元年（一八六〇）火災に罹り、現在の堂宇はその後、再建されたものである。

運慶作の阿弥陀如来立像（重文）、中将姫筆の九品曼荼羅（重文）、当麻建立之図（重文）などがあり、門内には名木傘桜がある。奥の院参道にある上杉謙信霊屋（重文）、佐竹義重霊屋（重文）は当院の管理である（『古寺名刹大辞典』ほか）。藤田信吉の家臣・夏目定吉は信濃国奈良井（長野県塩尻市）で死んだ藤田信吉の遺骸（遺品か）を拾い、高野山の奥の院に収めたという（「管窺武鑑」）。「高野山清浄心院越後国供養帳」「高野山清浄心院武蔵供養帳」に藤田能登守の名がそれぞれ記されている。

【主な参考文献】

【史料】

「吾妻鏡」「藤田家譜略」（『埼玉叢書』四所収）「上州藤田系図」（『埼玉県史』別編4所収）「系図纂要」「徳川実紀」「寛政重修諸家譜」「武徳編年集成」「恩栄録」「廃絶録」「徳川加封録」「徳川除封録」「藩翰譜」「武徳編年集成」「断家譜」「寛政重修諸家譜」「三百諸侯」「新編武家事紀」「当代記」「慶長日記」「名将言行録」「改訂関八州古戦録」「紹襲録」「三公外史」「新編武蔵風土記稿」「改正三河後風土記」『増補新訂埼玉叢書』二・四巻、「武蔵志」「増補秩父風土記」「秩父志」「北武蔵名跡志」「深谷記」「深谷古来鑑」「管窺武鑑」「北越城主抜書」「越後古城志」「越後野志」「温古之栞」「佐渡風土記」「佐渡國誌」「北越太平記」「東国太平記」「北越軍談」「上杉三代日記」「会津陣物語」「北越耆談」「上野国志」「加沢記」「沼田根元記」「上野志」「上州故城塁記」「上毛国風土記」「上毛伝説雑記」『小県郡史』「西方記録」「武辺咄聞書」『塩尻』「野史」「真書太閤記」『真田史料集』『信濃史料』十四、「福島城相伝」（『岩盤史料叢書』上巻所収）「佐竹家譜」『戦国遺文後北条氏編』一・二巻、『福島市史資料叢書』13、『関ヶ原合戦史料集』『大日本野史戦国の群雄』東国編

【辞典類】

『増補大日本地名辞書』『新潟県の地名』『埼玉県の地名』『群馬県の地名』『栃木県の地名』『日本城郭大系』4〜7、『日本城郭全集』3・4・7、『姓氏家系大辞典』『藩史大事典』2、『江戸時代全大名家事典』『日本家系・系図大事典』『上杉謙信大事典』『直江兼続大事典』『後北条氏家臣団人名辞典』『戦国人名辞典』『戦国人名事典』『三百藩藩主

人名事典』1、『群馬県姓氏家系大辞典』『上野人物志』『越佐人物史』中巻、『戦国合戦大事典』2、『埼玉苗字辞典』『埼玉大百科事典』4、『大日本寺院総覧』上巻、『全国寺院名鑑』北海道・東北・関東編『大日本人名辞書』三『埼玉人物事典』『群馬県人名大事典』『日本人名大事典』5、『秋田大百科事典』

【自治体史】

『新編埼玉県史』資料編6中世2古文書2、『同』資料編9中世5金石文・奥書、『同』資料編10近世1地誌、『同』別編4年表・系図、『埼玉県誌』上巻、『寄居町史』通史編、『花園村史』、『児玉町史』中世史料編、『上里町史』通史編上巻、『小川町の歴史』通史編上巻、『荒川村誌』、『沼田市史』資料編1原始古代・中世、『同』通史編1、『月夜野町史』、『甘楽町史』、『鬼石町誌』『秋田県史』古代中世編、『角館誌』第二巻俘囚・戸沢・芦名編、『六郷町史』上巻・通史編、『仙南村郷土誌』、『米沢市史』第一巻、『新庄市史』第一巻、『新発田市史』上巻、『新潟県史』資料編4、『上越市史』別編1上杉氏文書一、『同』別編2上杉氏文書二、『柏崎市史』資料編古代中世編、『味方村誌』通史編、『月潟村誌』、『三島町史』上巻、『福島市史』第二巻近世Ⅰ、『同』第七巻資料編2、『栃木県史』史料編中世一、『西方町史』、『小田原市史』通史編近世、『水戸市史』上巻、『館山市史』

【研究書・概説書】

四方田義男『鉢形城落城哀史』（埼玉民論社、一九五七年）
高柳光寿監修『日本の合戦7　徳川家康』（人物往来社、一九六五年）
猪坂直一『真田三代録』（理論社、一九六六年）

藤崎定久『日本の古城3』（新人物往来社、一九七一年）
『上州の城』（上・下）（上毛新聞社出版、一九七五年）
大多和晃紀『関東百城』（有峰書店、一九七七年）
磯貝正義編『武田信玄のすべて』（新人物往来社、一九七八年）
坂井冨三郎『吉江城物語』（味方村村誌編纂委員会、一九七八年）
佐藤孝太郎『八王子物語』（上）（武蔵野郷土史刊行会、一九七九年）
角田夏夫『菖蒲城物語』（北方文化博物館、一九八〇年）
渡部景一『佐竹氏物語』（無明舎出版、一九八〇年）
岸　大洞『沼田の歴史と文化財』（歴史図書社、一九八〇年）
中田正光『秩父路の古城址』（有峰書店新社、一九八二年）
川名　登『房総里見一族』（新人物往来社、一九八三年）
小和田哲男『後北条氏研究』（吉川弘文館、一九八三年）
森田与四郎『新編碓氷峠と坂本宿』（吾妻書館、一九八四年）
唐沢定市編『真田氏と上州』（みやま文庫、一九八五年）
江口　貢『実録 鉢形城主北条氏邦の生涯』（寄居町郷土文化会、一九八五年）
小林計一郎『真田三代軍記』（新人物往来社、一九八六年）
横井忠直『小笠の光』（鵬和出版、一九八七年）
今井林太郎『石田三成』（吉川弘文館、一九八八年）

主な参考文献

『群馬県の中世城館跡』（群馬県教育委員会、一九八九年）
池内昭一『知将大谷刑部』（新人物往来社、一九九〇年）
旧参謀本部編『日本の戦史 大坂の役』（徳間書店、一九九四年）
山崎一『上毛古戦録』（あかぎ出版、一九九五年）
島遼伍『増補改訂版 史跡めぐり 栃木の城』（下野新聞社、一九九五年）
下山治久『小田原合戦』（角川書店、一九九六年）
浅倉直美『後北条領国の地域的展開』（岩田書院、一九九七年）
杉浦昭博『近世栃木の城と陣屋』（随想舎、一九九七年）
土居輝雄『佐竹氏探訪』（秋田魁新報社、一九九七年）
『さとみ物語』（館山市博物館、二〇〇〇年）
小野榮『上杉景勝伝』（米沢信用金庫、二〇〇一年）
梅沢太久夫『城郭資料集成 中世北武蔵の城』（岩田書院、二〇〇三年）
黒田基樹『戦国北条一族』（新人物往来社、二〇〇五年）
インデックス編集部『訪ねてみたい埼玉のお寺』（インデックス、二〇〇六年）
埼玉県立歴史資料館編『中世武蔵人物列伝』（さきたま出版社、二〇〇六年）
川鍋巖『北武蔵・西上州の秘史』（上毛新聞社出版局、二〇〇六年）
塙静夫『とちぎの古城を歩く』（下野新聞社、二〇〇六年）
柴崎利雄『北武蔵の武将達 鎌倉 室町編』（二〇〇六年）

柴崎利雄『改訂版　武衛柴崎系図』（二〇〇六年）
笠谷和比古『関ヶ原合戦と大坂の陣〈戦争の日本史17〉』（吉川弘文館、二〇〇七年）
西野博道編『続・埼玉の城址30選』（埼玉新聞社、二〇〇八年）
木村徳衛『直江兼続伝』（慧文社、二〇〇八年）
近衛龍春『戦国最強　上杉武将伝』（ＰＨＰ研究所、二〇〇八年）
武山憲明『直江兼続の謎』（ぶんか社、二〇〇八年）
今福　匡『直江兼続』（新人物往来社、二〇〇八年）
市村高男『東国の戦国合戦〈戦争の日本史10〉』（吉川弘文館、二〇〇九年）
志村平治『信濃岩井一族　岩井備中守信能』（歴研、二〇〇九年）
笹本正治『真田氏三代』（ミネルヴァ書房、二〇〇九年）
南原公平『新装改訂版　信州の城と古戦場』（しなのき書房、二〇〇九年）
光成準治『関ヶ原前夜』（ＮＨＫ出版、二〇〇九年）
江田郁夫『下野の中世を旅する』（随想社、二〇〇九年）
児玉彰三郎『上杉景勝』（ブレインキャスト、二〇一〇年）
黒田基樹・浅倉直美編『北条氏邦と武蔵藤田氏〈論集戦国大名と国衆2〉』（岩田書院、二〇一〇年）
浅倉直美編『北条氏邦と猪俣邦憲〈論集戦国大名と国衆3〉』（岩田書院、二〇一〇年）
『西方町の民俗』（西方町、二〇一一年）
志村平治『信濃村上一族　村上源五国清』（歴研、二〇一一年）

峰岸純夫・齋藤慎一編『関東の名城を歩く』南関東編（吉川弘文館、二〇一一年）
平山　優『真田三代』（ＰＨＰ研究所、二〇一一年）
黒田基樹編『北条氏年表』（高志書院、二〇一三年）
梅沢太久夫『戦国の境目・秩父谷の城と武将』（まつやま書房、二〇一三年）

【雑誌・文献】

新井佐次郎「藤田氏と鉢形北条（上）」（『埼玉史談』一三八号、一九六九年）
新井佐次郎「藤田氏と鉢形北条（下）」（『埼玉史談』一三九号、一九六九年）
真島玄正「【史料紹介その二】藤田能登守信吉」（『埼玉史談』一八一号、一九八〇年）
大野鴻風「藤田氏とその風土を追って」（『埼玉史談』一八七号、一九八一年）
浅倉直美「後北条氏と用土新左衛門尉」（『戦国史研究』六号、一九八三年）
浅倉直美「北条氏邦の鉢形入城について」（『戦国史研究』一六号、一九八八年）
黒田基樹「用土新左衛門尉と藤田信吉」（『戦国史研究』二九号、一九九四年）
宮本義己「上杉景勝と関ヶ原の合戦」（花ヶ崎盛明編『上杉景勝のすべて』、新人物往来社、一九九五年）
有元修一「高野山清浄心院所蔵　武蔵供養帳について（上）」（『埼玉地方史』四六号、二〇〇二年）
山本隆志・皆川義孝「高野山清浄心院蔵『越後国供養帳』」（『上越市史研究』九、二〇〇三年）
江田郁夫「西方町三澤毅家文書中の中・近世文書について」（『栃木県立文書館研究紀要』八号、二〇〇四年）
黒田基樹「総論　戦国期藤田氏の系譜と動向」（同編『北条氏邦と武蔵藤田氏〈論集戦国大名と国衆２〉』岩田書院、

二〇一〇年）
鈴木宏美「藤田氏の動向」（黒田基樹編『北条氏邦と武蔵藤田氏〈論集戦国大名と国衆2〉』岩田書院、二〇一〇年、初出一九八六年A）
鈴木宏美「北条氏の武蔵進出と藤田氏」（黒田基樹編『北条氏邦と武蔵藤田氏〈論集戦国大名と国衆2〉』岩田書院、二〇一〇年、初出一九八六年B）
栗原仲道「武蔵藤田氏の研究（一）～（五）」（黒田基樹編『北条氏邦と武蔵藤田氏〈論集戦国大名と国衆2〉』岩田書院、二〇一〇年、初出一九九七年）
真島玄正「戦国武将藤田氏の研究（その一）」（黒田基樹編『北条氏邦と武蔵藤田氏〈論集戦国大名と国衆2〉』岩田書院、二〇一〇年、初出一九七九年）
梅沢太久夫「北条氏邦の鉢形城入城をめぐって」（黒田基樹編『北条氏邦と武蔵藤田氏〈論集戦国大名と国衆2〉』岩田書院、二〇一〇年、初出二〇〇六年）
千代田恵汎「『鉢形北条家臣分限録』をめぐる若干の考察」（黒田基樹・浅倉直美編『北条氏邦と猪俣邦憲〈論集戦国大名と国衆3〉』岩田書院、二〇一〇年、初出一九七七年）

【著者紹介】

志村平治（しむら・へいじ）

1951（昭和 26）年、長野県中野市に生まれる。少年時代から歴史の研究に傾倒、現在も長野郷土史研究会、歴史研究会（全国歴史研究会）、日本古城友の会などで活動中。主な著書に、『相模朝倉一族』（戎光祥出版）、『北信濃の武将　村上義清伝』（新人物往来社）、『信濃高梨一族』『信濃岩井一族』『信濃須田一族』『荻田一族』『信濃村上一族』『越後村上氏二代』『信濃屋代一族』『畠山入庵義春』『信濃芋川一族』『小笠原右近大夫貞慶』『木曽伊予守義昌』（いずれも歴研）がある。

装丁：川本 要

戎光祥郷土史叢書　06

戦国《せんごく》の猛将《もうしょう》 藤田信吉《ふじたのぶよし》

北条《ほうじょう》・武田《たけだ》・織田《おだ》・上杉《うえすぎ》・徳川《とくがわ》を渡《わた》り歩《ある》いた

激動《げきどう》の生涯《しょうがい》

二〇二四年十月十日　初版初刷発行

著者　志村平治

発行者　伊藤光祥

発行所　戎光祥出版株式会社

東京都千代田区麹町一－七

相互半蔵門ビル八階

電話　〇三－五二七五－三三六一㈹

FAX　〇三－五二七五－三三六五

編集協力　株式会社イズシエ・コーポレーション

印刷・製本　モリモト印刷株式会社

https://www.ebisukosyo.co.jp

info@ebisukosyo.co.jp

ISBN978-4-86403-551-4